LE CHAT
et nous

Karsten Diettrich

minerva

PRÉFACE

Parmi les animaux domestiques, le chat, cet être difficile à cerner, a su parfaitement cultiver sa différence : souple, entêté, capricieux, très capable à l'occasion de vous faire grise mine, se comportant exactement comme il a envie de le faire, et par conséquent, toujours fascinant. Peu importe qu'il soit chat de race ou de gouttière, chat de ferme ou chat sauvage, il sait donner à ses mouvements la même grâce, il semble toujours prêt à vous révéler quelque mystère.

Karsten Diettrich a appris dès son enfance à vivre avec les chats, – ou sont-ce eux qui ont appris à vivre avec lui ? – et il tente, dans ce livre, d'expliquer leur comportement. Les précieux renseignements qu'il donne permettront de réussir, pour hommes et chats, cette aventure : une vie commune basée sur la réciprocité. De merveilleuses photos illustrent ses propos montrant nos petits compagnons lors de leurs jeux, de la chasse, mangeant, dormant ou encore, s'adonnant à leur occupation favorite : la méditation.

Peu d'êtres humains restent, face aux chats, indifférents. Certains les craignent, d'autres les détestent. La plupart pourtant les aiment passionnément, oui, succombent à leurs charmes. A notre époque, d'autre part, le chat en vient de plus en plus souvent, en raison de sa sensibilité, à partager la vie de l'homme, connaissant ses joies, mais aussi sa solitude.

De quoi procède l'amour, souvent aveugle, que l'homme porte aux chats ? De l'irrationnel sans aucun

*

Ils prennent, en songeant, les nobles attitudes
Des grands sphinx allongés au fond des solitudes
Qui semblent s'endormir dans un rêve sans fin.

Baudelaire

3

doute. L'exemple le plus ancien est celui des Égyptiens, chez lesquels le chat était une divinité. La déesse Bastet, gardienne de la lumière, protégeant la lune qui annonçait le retour du soleil, s'identifiait à un chat. Dans les mythologies grecque, romaine et nordique, le chat occupe un rang élevé : c'est Artémis qui l'a créé, Diane se transforme en chat et le char de Freia est tiré par des chats. Divinités ou sorciers, les chats sont voués à l'adoration ou à la haine. Il n'y a pas de zone neutre. L'histoire des civilisations et des cultures montre que le chat a toujours été un symbole de la féminité, ce qui rendrait intéressante une approche psychanalytique des sentiments extrêmes qu'il inspire.

Sous l'Inquisition et lors de la chasse aux sorcières, on fit de lui, par ignorance et superstition, le compagnon de ces dernières et même l'incarnation du diable. Supplices et bûchers furent également son lot. Et il tient du miracle que cette sombre époque ne soit arrivée à l'exterminer complètement.

Le plus souvent, ce furent les hommes qui, dans la crainte d'accusations arbitraires, livrèrent les chats à la haine collective. L'attitude du chat, difficile à déchiffrer, ses habitudes – il est celui qui va tout seul, comme le dit Kipling – donnent lieu aujourd'hui encore à de fausses interprétations. Nous avons là un individualiste et il s'agit de respecter à tout prix sa singularité. On ne peut l'éduquer à suivre nos désirs, on ne peut le dresser comme on dresse un chien. Il restera spectateur de nos efforts, qu'il considérera avec étonnement – un étonnement qu'il exprime à sa manière : soit par un regard très expressif, soit par une totale indifférence – et fera exactement ce qu'il a envie de faire. C'est là justement que réside son charme et c'est pourquoi ses manifestations d'attachement nous touchent tellement. Cela aussi, son attachement, il le montre d'une façon inimitable. Existe-t-il manifestation plus nette de bien-être que sa façon de ronronner, avec des sons allant de l'aigu au plus grave ? N'est-il pas bienfaisant de le

*

Nos petits préférés sont curieux : des endroits les plus singuliers, ils observent attentivement tout ce qui s'offre à leurs yeux vigilants.

voir tendre sa tête, vous faire, à votre retour, des démonstrations de joie, ou de le sentir se frotter contre vous comme pour vous dire : je suis là ? Et que penser de ses yeux qui se ferment de plaisir sous vos caresses ?

Les chats ont leurs partisans et leurs détracteurs. Alexandre le Grand, Jules César, Gengis Khan, Napoléon, Bismarck, Mussolini, Marlène Dietrich sont ses ennemis. Au contraire, Pétrarque, Baudelaire, Lincoln, Washington, Churchill, Greta Garbo, Albert Schweitzer, Françoise Sagan et Arthur Miller l'aiment. Son regard mystérieux irrite souvent. On pense aussi qu'il a des facultés télépathiques. Certains phénomènes restent inexpliqués : il est capable de faire plusieurs centaines de kilomètres pour retrouver son territoire. Ou encore : un mâle, Willy, qui disputait toujours un vieux fauteuil à son maître – il s'empressait de l'occuper dès que celui-ci avait le dos tourné, pour faire semblant de s'y endormir profondément – refusa par la suite d'y retourner. Son maître, entre-temps, était mort à l'hôpital, et le fauteuil resta obstinément vide.

Chaque ami des chats sait qu'il n'en existe pas de « laid ». Chaque bête a son charme particulier, son élégance propre. Leurs différences d'apparence font de chacun de ces tigres miniatures un exemplaire unique.

Ils sont sans exception de remarquables comédiens et ont le sens des attitudes décoratives. Ils jouissent intensément de notre admiration et veulent à tout prix être remarqués, même lorsqu'ils laissent défiler près d'eux des passants, apparemment indifférents. Un chat noir qui habitait le port d'une petite île nous fournit un exemple de cette attitude. Chaque fois qu'un bateau approchait, il s'asseyait au milieu de la jetée pour y faire sa toilette, jouant à ne s'occuper que de lui, mais ne perdant aucun des mouvements de ceux qui, débarquant, lui parlaient ou le caressaient. C'est pourquoi il est bon de vanter les actions de notre compagnon, quand il fait, par exemple, ses

griffes sur son tronc et non sur notre fauteuil ou notre tapisserie. Ce n'est que par une attitude teintée de bonté et de compréhension que l'on obtient quelque résultat. Il arrive qu'un chat ne puisse oublier celui qui l'a recueilli, blessé, et a pris soin de lui. Un vieux matou par exemple, rendu à sa famille d'adoption, revenait chaque année au printemps et en automne rendre visite à celle qui, autrefois, l'avait soigné. Il lui réclamait alors pendant quelques jours gîte, nourriture et affection, avant de disparaître à nouveau.

Il y a des chats qui s'intéressent à la technique et regardent volontiers la télévision. Un petit matou, Théo, aimait s'asseoir sur le plateau du tourne-disque tandis que Fridolin ne « faisait » que sur les roues des « coccinelles » de son quartier, ignorant toute voiture qui ne soit une Wolkswagen. D'autres s'enthousiasment pour certains genres de musique.

Les chats ont leur façon personnelle d'exprimer leur sens de la possession. Ils ne se disputent pas une assiette de nourriture, comme des chiens pourraient le faire, ils sont trop fiers pour cela. Ils font cependant rapidement comprendre au nouveau venu qu'ils étaient là avant lui et qu'ils sont, par conséquent, les maîtres. Pourtant une grande harmonie peut bientôt caractériser leurs rapports avec le nouvel arrivant, comme ce fut le cas pour Minka, Schnucki, et le chow-chow venu agrandir leur communauté, qu'ils adoptèrent parfaitement. Il est attendrissant d'observer la façon qu'a un clan de s'occuper de ses petits et de les laisser atteindre l'écuelle les premiers. Nous avions, à un certain moment et avant de pouvoir les faire stériliser, seize chats à nourrir, et nous avons pu observer comment le pacha de ce harem se tenait à l'écart jusqu'à ce que les petits soient rassasiés.

Beaucoup d'observations de ce genre, les préférences qu'ont certains sur le plan de la nourriture – l'un aimant avant tout les haricots verts, l'autre les biscuits au chocolat et le troisième les pelures de pommes de terre – la sensibilité de leur fourrure, leur ouïe si délicate, trouvent un prolongement dans l'ouvrage de Karsten Diettrich.

AMI DU PHARAON, VICTIME DE L'INQUISITION

L'origine de notre chat domestique n'est pas clairement établie. On peut supposer, avec la plus grande vraisemblance, qu'il a pour principal ancêtre le chat fauve, *Felis silvestris lybica*, d'Afrique du Nord-Est. Sans doute, le chat asiatique des steppes fait-il également partie de ses ancêtres. Par des croisements avec des chats sauvages européens, notre chat domestique a ainsi obtenu sa forme actuelle.

Il existe de nombreux documents provenant d'Égypte – où, il y a plus de quatre mille ans déjà, le chat a été gardé en tant qu'animal domestique – qui font mention du chat. Les Égyptiens l'avaient rapporté de leurs expéditions guerrières en Nubie et, bientôt, il avait joué un rôle essentiel dans la vie quotidienne de leur empire.

Le peuple égyptien étant sédentaire, il constituait de grands stocks pour faire face aux mauvaises récoltes ou les inondations. Là se trouvait le premier rôle du chat, l'infatigable traqueur de souris et de rats. Toutefois, il devint bientôt en Égypte une créature s'apparentant presque à une divinité, ainsi qu'en témoignent les représentations figuratives et textes qui nous ont été transmis. Ainsi, en 430 avant J.-C., Hérodote écrivait: « Qu'un violent incendie éclate n'importe où en Égypte, les gens ne se soucieront pas du feu, mais de leurs chats. Ils se placent autour d'eux et montent la garde. Mais si un chat échappe au cercle et se jette dans les flammes, une grande tristesse s'abat sur les Égyptiens. Si un chat meurt de mort naturelle, tous les habitants de la maison se rasent les sourcils. Le chat mort est placé dans une chambre funéraire, embaumé, puis inhumé. »

Un autre historien rapporte, que vers 30 avant J.-C., « quiconque en Égypte tue un chat, doit mourir – qu'il l'ait fait intentionnellement ou non. Le peuple

s'attroupe et le lapide. Un tel meurtrier, qui était romain et n'avait aucunement agi avec préméditation, ne put être sauvé de la mort, ni par le roi égyptien Ptolémée, ni par la crainte de Rome. »

Une autre anecdote historique nous a été transmise, rapportant que les Perses assiégeaient la cité fortifiée de Péluse et que, malgré de nombreuses attaques, ils ne pouvaient parvenir à s'en emparer. Ce n'est que lorsqu'ils attachèrent des chats vivants sur leurs boucliers que les Égyptiens se rendirent, car ils ne voulaient pas blesser les animaux sacrés.

D'Égypte, le chat se répandit plus à l'est, vers l'Arabie. On rapporte que le prophète Mahomet aimait tant son chat, Muessa, qu'il coupa une manche de sa tunique pour ne pas le déranger pendant son sommeil. Le chat était estimé dans tout l'Orient. De l'autre côté de la Méditerranée, il parvint de Grèce jusque dans l'empire romain. Son expansion se fit, là, plus lentement car, initialement, les Grecs et les Romains préféraient la belette pour la chasse aux souris. On peut supposer que des chats pénétrèrent déjà dans le Nord avec les légions romaines. Toutefois, ce furent surtout des moines et des missionnaires qui, plus tard, y répandirent les chats depuis le territoire méditerranéen.

Par le fait qu'ils ne se contentaient pas d'évangéliser, mais s'occupaient aussi de faire évoluer l'agriculture, cette hypothèse paraît vraisemblable.

Le chat fut tout d'abord acclimaté en Grande-Bretagne. De l'année 940, date un volumineux texte de loi provenant du prince Howel de Galles, sur l'estimation de la valeur des chats domestiques, ainsi que sur les punitions auxquelles on s'exposait en cas de mauvais traitement, mutilation ou mise à mort de ces animaux. Ainsi est déterminée la somme à laquelle peut être vendu un jeune chat jusqu'au moment où il attrape sa première souris. Il est précisé alors qu'à partir de là, il double sa valeur. L'acheteur a le droit d'exiger que les yeux, les oreilles et les griffes soient parfaits, que l'animal soit un bon chas-

seur de souris et que, s'il s'agit d'une femelle, celle-ci soit à même de bien élever ses petits. Si l'animal présente un quelconque défaut, l'acheteur peut réclamer un tiers du prix d'achat. Quiconque dérobe ou tue un chat domestique dans les réserves à blé princières doit payer en fournissant un mouton et un agneau, et donner en remplacement autant de froment que nécessaire pour recouvrir complètement un chat qui, suspendu par la queue, touche le sol du nez.

Au Moyen Age, le chat était répandu dans toute l'Europe – jusque dans les confins du Nord – et subit, pendant le temps où sévit la chasse aux sorcières, sa plus cruelle épreuve, car on l'assimilait aux « sorcières ». Ainsi, le frère Berthold, un franciscain, écrivait : « Ils s'appellent hérétiques (Ketzer), car ils se cachent dans des lieux où personne ne les trouve, tout comme les chats (Katzen). Il n'est aucun animal qui ne fasse autant de mal à l'homme que le chat. Il cherche aussi longtemps qu'il faut, jusqu'à ce qu'il ait trouvé, un crapaud et il le lèche au sang. Le poison du crapaud donne soif au chat et celui-ci boit de l'eau qu'utilisent les hommes pour faire la cuisine et pour boire. Ainsi, l'eau se trouve souillée et rend les hommes malades. Pour cette raison, cher homme, pourchasse les chats ! Leur haleine est dangereuse ! Engage les domestiques à expulser le chat de la cuisine ! Chasse-le de tous les recoins, car les chats représentent un danger mortel ! Tels sont aussi les hérétiques ! »

En cent cinquante années environ, l'Inquisition a fait brûler trente mille sorcières, et d'innombrables chats les suivirent dans les flammes. Il est certain que cette dangereuse et démagogique superstition, qui fut attisée avec une dureté et une brutalité inimaginables pendant tant d'années, a laissé des traces dans le jugement porté sur les chats aujourd'hui. Les préjugés sur leur « fausseté » et leurs maléfices viennent en grande partie de là.

D'autres préjugés contre les chats ont

*

De tout temps, le chat noir fut poursuivi par la superstition. Aujourd'hui encore il doit supporter maints préjugés, comme l'attestent de nombreux proverbes et locutions qui, certes, sont tous erronés, mais que l'on cite toujours volontiers.

également une triste origine. L'arrêté suivant parut en 1747 : « Nous – Clément Auguste, par la grâce de Dieu archevêque de Cologne – faisons savoir par la présente : comme cela Nous a été indiqué, et aussi comme l'expérience quotidienne Nous apprend que, par des incursions constantes des chats dans les champs et prairies, les jeunes lièvres et perdrix sont pris et dévorés par ceux-ci, pour prévenir de tels dommages Nous Nous voyons obligés d'ordonner à tous les sujets de Notre archevêché, sans distinction de personne, de couper les oreilles à tous les chats se trouvant en leur possession, à savoir au ras de la tête. Les chats doivent par cela se trouver empêchés de courir et de braconner dans les champs et prairies quand il y a de la rosée ou par temps de pluie. Toute personne, de quelque condition qu'elle soit, est donc tenue d'agir en conséquence aussitôt après avoir pris connais-

sance de ce décret, conformément à l'ordre donné. Tout possesseur de chat qui, lors des contrôles effectués chaque mois est reconnu contrevenant, paie pour chaque cas de contravention un quart de florin en or, à titre de punition exécutoire sur-le-champ… »

Malgré ces persécutions brutales, dont cette citation n'apporte qu'un exemple, et qui auraient certes pu conduire à l'extermination de l'animal, le chat survécut et se maintint en Europe. Aux XVIIe et XVIIIe siècles, il fut introduit en Amérique du Sud et du Nord, ainsi qu'en Australie où, chez les nouveaux colons, il était un objet d'échange et d'achat fort prisé. Là aussi, le suivirent plus tard haine et superstition, et le fait que lui, qui fut attaqué comme aucun autre animal domestique du monde occidental, se trouve aujourd'hui partout où habitent des hommes, parle en faveur de sa forte aptitude à survivre.

PRINCE OU VOLEUR?

Le naturaliste français Buffon donna en 1769, dans le sixième volume de son *Histoire naturelle*, la description suivante, peu flatteuse, de la nature du chat : « Le chat est un serviteur infidèle, que l'on ne garde que par nécessité pour l'opposer à un autre ennemi de la maison, encore plus désagréable, que l'on ne peut chasser soi-même... Même si les chats, surtout quand ils sont jeunes, ont une certaine gentillesse, ils ont pourtant une méchanceté innée, un caractère faux, une nature perverse qui s'accentue encore avec l'âge et que l'éducation ne peut masquer qu'avec peine.

Voleurs nés, quand ils sont bien éduqués, ils deviennent souples comme des anguilles et flatteurs comme des fripons ; ils possèdent l'habileté et la subtilité de ceux-ci, ce même goût pour le mal, ce même penchant pour la petite rapine ; comme eux, ils peuvent dissimuler leurs véritables desseins, guetter les occasions, patienter, choisir et attendre le moment d'exécuter leur coup, se soustraire enfin à la punition, s'enfuir et rester éloignés jusqu'à ce qu'on les appelle. Ils prennent facilement les habitudes de la vie en société, mais jamais ses usages : ils feignent d'être attachés à leur maître, on le voit à leurs mouvements empreints de fausseté, à leurs regards équivoques – jamais ils ne regardent la personne aimée en plein visage ; par provocation ou par fausseté, ils font des détours pour s'approcher d'elle et pour rechercher ses caresses qu'ils ne veulent recevoir que pour leur propre plaisir. Le chat se différencie considérablement de l'animal fidèle qu'est le chien, dont les sentiments dépendent

*

*« Ami superbe,
plein de fière bonté,
daigne s'il te plaît
t'asseoir à mon côté. »*
Swinburne

totalement de ceux de son maître. Il ne semble penser qu'à lui, ne vouloir aimer qu'à des conditions fixées par lui et n'accorder sa confiance que pour en tirer profit. Par ces caractéristiques naturelles, il est moins indissociable de l'homme que le chien, chez qui tout est loyal... On ne peut pas dire que les chats, bien qu'ils habitent dans nos demeures, soient des animaux domestiques ; même les plus dociles ne se lais-

sent pas assujettir. On peut même dire qu'ils sont totalement libres, ils ne font que ce qu'ils veulent et rien au monde ne peut les retenir en un lieu d'où ils souhaitent s'éloigner. Au reste, la moitié d'entre eux est à demi sauvage, ils ne connaissent pas leur maître, on ne les trouve que dans les greniers et sur les toits et parfois seulement, quand la faim les y pousse, dans la cuisine... Quand on les emmène à de grandes

distances, au-delà d'une à deux lieues, ils reviennent d'eux-mêmes à leur grenier. La raison en est, apparemment, qu'ils y connaissent toutes les caches des souris, tous les passages et trous, en sorte qu'il est moins fatigant pour eux de revenir qu'il le serait de se procurer les mêmes facilités dans un nouvel environnement. »

De nos jours, on peut sourire de ces lourdes incriminations, et l'étude moderne de la nature nous a enseigné qu'établir des parallèles entre les qualités d'un homme et celles d'un animal – celui-ci ne pouvant avoir les mêmes – n'est pas admissible. A chaque animal s'applique une autre échelle des valeurs ; et les qualités qui, en général, sont les plus attendues d'eux, comme la dépendance, pour les animaux domestiques, ne correspondent pas à leur comportement naturel.

On s'accorde à dire que, de tous les animaux domestiques, le chat est sans aucun doute le moins obéissant, ce qui résulte de sa nature de chasseur solitaire. De même, sa soif de liberté absolue et son indépendance trouvent leur cause dans la nature psychologique d'un petit chasseur qui utilise constamment tous ses organes des sens pour pouvoir survivre.

*

Dis-moi le chat,
qu'es-tu donc venu faire
dans le cimetière du Père-Lachaise ?
Y cherches-tu ton maître
ou bien l'inspiration ?

*

L'instinct de la chasse est à la base de
toutes les réactions du chat. Un
instinct profondément ancré en lui.
Même ses jeux en relèvent. A l'origine
les chats ont d'ailleurs été domestiqués
parce qu'ils étaient chasseurs. Se
nourrissant de rongeurs nuisibles, ils
étaient avant tout les gardiens des
greniers à grains.

UN CHASSEUR AVANT TOUT

De par sa nature, le chat domestique est un carnassier aimant chasser. Sa domestication a toutefois eu pour effet, à la différence des races de chats vivant libres et indépendants, de le rendre moins agressif et avide de se procurer des proies. Cependant, chez le chat domestique existe toujours l'instinct de la chasse, même s'il ne peut plus se manifester que comme un jeu lorsqu'il vit en appartement. Les souris sont ses proies préférées, l'adulte pouvant en dévorer en moyenne vingt par jour. La plupart des chats se risquent de même à attaquer des rats. Ils chassent aussi les écureuils, serpents, grenouilles, insectes, oiseaux, lapins et taupes, mais ne

les dévorent pas nécessairement. La description suivante date du XIXe siècle: «Plus d'une fois, j'ai vu que, au Paraguay, les chats poursuivaient sur le sol sableux des serpents à sonnettes et les tuaient. Avec l'agilité qui leur est propre, ils leur donnent des coups de pattes et esquivent le bond de leur ennemi. Si le serpent s'enroule sur lui-même, ils ne l'attaquent pas, mais tournent autour du reptile jusqu'à ce que celui-ci soit fatigué de tourner la tête vers eux. A ce moment alors, ils assènent un nouveau coup au serpent et font aussitôt un saut de côté. Si le serpent s'enfuit, ils le saisissent par la queue, comme pour jouer avec lui. Par de tels coups de pattes discontinus, ils

*
Chat et souris – des relations proverbiales. Le chat est un chasseur solitaire, et le jeu avec la souris, apparemment cruel, est plutôt à assimiler à une volonté de retarder la mise à mort qu'à un plaisir voluptueux de tourmenter.

viennent en général à bout de leur ennemi avant qu'une heure se soit écoulée, mais ils ne touchent jamais à sa chair. »

Les chats peuvent en principe chasser tout animal qui n'est pas plus grand qu'eux ; toutefois, il a été démontré par des études scientifiques qu'en réalité, la plupart du temps, ils s'en tiennent cependant à la seule chasse aux souris. Ainsi a été examiné le contenu d'estomacs de deux cent quarante chats « braconniers » qui avaient été écrasés ou bien abattus. Dans 89% des cas, les

chats avaient mangé, au cours des trois jours précédant leur mort, des souris, rats et hamsters. Dans trois cas, les restes d'autres animaux étaient ceux d'un lapereau, d'un canard et des plumes de poule faisane; 4,5% des proies seulement se composaient d'oiseaux. Un autre examen portant sur soixante estomacs de chats donnait 93,8% de campagnols, 6,2% d'autres rongeurs. Dans trois cas furent trouvés des restes de petits oiseaux et dans trois autres des restes de lapins de garenne. L'accusation de braconnage si souvent avancée,

et surtout celle voulant prouver que les chats déciment dans de grandes proportions les oiseaux chanteurs, est un préjugé que rien ne justifie. Il est dans la nature du chat d'observer toute proie intéressante et de s'en approcher en rampant; toutefois, il arrive rarement qu'il puisse saisir des oiseaux bien portants. La technique de chasse du chat par elle-même, qui consiste à s'approcher furtivement d'un but connu en rampant, d'attendre, d'aller plus avant en rasant quasiment le sol pour, finalement, en deux, trois bonds s'élancer sur

la proie se trouvant par terre, montre clairement pourquoi il a peu de chances d'attraper une créature capable de s'envoler. Quelques chats sont aussi des pêcheurs expérimentés, allant habilement chercher leur proie dans l'eau avec leurs pattes antérieures.

En ce qui concerne notre chat domestique, on peut constater que, à vrai dire, il ne tue pas volontiers sa proie. Le jeu avec une souris capturée, souvent qualifié de « cruel », est également l'expression d'une certaine répugnance à tuer. Chez des chats sauvages, ce jeu de capture et de libération simulée de la proie vivante apparaît beaucoup plus rarement. On peut donc conclure de cela que le chat domestique associe ici son goût de la chasse à celui du jeu, et que la conquête tactique de sa proie a pour lui plus de prix que la mise à mort. Quand le chat tue une proie plus grosse que des insectes, il lui porte un coup à la nuque avec ses canines. Lors de combats avec des animaux de plus grande taille, par exemple des rats, il les attaque tout d'abord avec ses pattes, pour les fatiguer, pouvant même se

rouler sur le dos afin de mieux parvenir à les griffer avec ses pattes postérieures. Il poursuit avec persévérance cette technique visant à affaiblir son adversaire pour lui porter, au moment approprié, la morsure mortelle.

Le chat n'attaque que très rarement de face, sous le regard direct de sa victime. Aussitôt que celle-ci se jette sur lui (de gros rats), il recule apeuré et il dépendra de son adresse, de son courage et de son expérience que se poursuive le combat. Quand le chat a tué sa victime, il va et vient comme pour dépenser son énergie nerveuse, retourne vers sa proie, s'en éloigne à nouveau, sans lui prêter attention. Cette « promenade mécanique » fait baisser l'excitation éveillée par le combat.

Ce va-et-vient peut même, au reste, avoir pour conséquence que, si la victime se tient absolument immobile, « fait le mort », elle puisse finalement s'échapper sans être remarquée.

Normalement, la chasse se déroule de la manière suivante : le chat est mis sur la piste d'une proie soit par l'odorat, soit par la vue. Il s'approche avec une

extrême lenteur, le ventre touchant presque terre. Il cherche à donner l'impression d'être un objet inerte se confondant avec l'environnement. Un calme absolu, une attention sans faille et l'effet de surprise maîtrisé sont les bases logistiques. Tout le monde connaît l'attitude d'un chat à l'affût : totalement immobile, l'œil fixe, la queue et les oreilles légèrement agitées, il attend longuement sa proie qu'il croit inconsciente du danger. Attaquer trop vite serait une erreur : il fait preuve d'une patience infinie et rien ne peut le distraire de la surveillance de la proie

convoitée. Arrivé près du but, il se jette d'un bond en avant, les pattes arrière collant presque au sol. Il faut absolument qu'il soit très près pour assurer sa prise ; il ne prend une décision prématurée que si la proie tente de fuir. Cela n'arrive généralement qu'aux jeunes chats inexpérimentés qui laissent souvent échapper la victime.

Le record mondial de la chasse est détenu par une chatte anglaise, ironiquement prénommé « Mickey » qui, au service d'une firme britannique a détruit, en 23 ans, plus de 22 000 souris dans les prés, les forêts et les champs

environnants. Mais les chats ne sont, habituellement, en aucun cas d'une efficacité absolue en tant que chasseurs. L'observation de chats vivant en liberté a permis de déterminer que 90 % des oiseaux et 25 % des souris leur échappent.

La chasse, qui relève de l'instinct de survie, puisqu'elle est, à la base, nécessaire à l'alimentation du chat, est régie par différentes parties du cerveau. C'est pourquoi des chats bien nourris et châtrés peuvent être d'excellents chasseurs.

Tout propriétaire de chat connaît les habitudes de son chat chasseur et sa manière d'apporter ses trophées à la maison. Fier de sa prestation, il offre généralement sa proie à son maître. Celui-ci trouve fréquemment au matin une rangée de trophées devant sa porte ou au pied de son lit. C'est là une des plus hautes manifestations d'affection, souvent mal reçue par l'homme. Il faut surtout féliciter le chasseur et lui montrer que l'on apprécie son cadeau, car c'en est un.

UN MINET DE COUR OU L'ÉLÉGANCE MÊME

Quiconque considère les mouvements d'un chat est tout d'abord frappé par son inimitable élégance et par l'harmonie qui s'en dégage. La grâce du jeu de ses cinq cents muscles lorsqu'il marche, court, galope, saute, grimpe et même se laisse tomber est un spectacle esthétique sans égal. Un vieil ami des bêtes écrivait déjà : « Le chat est un animal d'une nature élevée. Dans la structure même de son corps se décèle la perfection. C'est un gentil petit lion, un tigre de proportion réduite.

Tout en lui est construit comme il se doit, aucune partie n'est trop grande ou trop petite ; c'est pourquoi la plus infime anomalie en lui nous frappe.

Tout est arrondi ; le plus beau, est sans conteste la forme de la tête, ce que l'on peut déjà remarquer à la vue du squelette de la boîte crânienne – aucune tête d'animal n'est plus joliment formée. Le front a une élégante forme arquée, l'ensemble de l'ossature est beau et témoigne d'une mobilité et d'une souplesse extraordinaires lui permettant des mouvements ondulatoires ou pleins de grâce.

Ses mouvements sinueux ne se font pas en zigzag ou en angle aigu, et sont à peine perceptibles. Il paraît ne pas avoir d'os et être seulement construit d'une pâte légère. » Jean-Claude Suarès dit que « les chats nous rappellent notre meilleur "Moi" », et Carl von Vechten remarque que « il n'y a effectivement pas une seule caractéristique du chat que l'être humain ne devrait s'empresser de copier pour son plus grand profit ».

Le corps d'un chat, parfaitement adapté à ses besoins et à ses instincts est un petit miracle en soi.

Il est résistant, souple, vif, un instrument idéal pour un chasseur. Sa forme est déterminée par le squelette qui comprend 244 os (presque 40 de plus que l'homme). Ces os se groupent autour de l'épine dorsale extrêmement souple, ce qui explique, en grande partie, l'agilité du chat. C'est cela qui lui permet de se faufiler par les ouvertures les plus étroites, car il peut plier son corps dans toutes les directions. S'il arrive à passer la tête quelque part, le reste du corps suivra, même s'il s'agit d'un chat bien nourri. Les vertèbres sont reliées entre elles de manière plus souple que chez la plupart des autres mammifères, ce qui augmente leur flexibilité.

*

*Non,
je ne pose pas
pour l'occasion.
Je suis naturellement
beau.*

Le chaton peut s'étirer en forme de U inversé et tourner la partie avant de son corps à 180° tandis que la partie arrière reste immobile. Il suffit d'observer attentivement la démarche d'un chat pour se pénétrer de la souplesse et de l'élégance des mouvements : c'est la patte arrière droite qui est d'abord mise en mouvement, puis la patte avant droite ; vient alors la patte arrière gauche, puis la patte avant gauche, toujours correctement alignées, de façon à former une ligne droite (contrairement au chien).

Si le chat marche plus vite, il arrive presque à un pas cadencé. Lorsqu'il court, il alterne les sauts courts et longs, preuve éclatante de la souplesse de la colonne vertébrale.

La musculature est étroitement liée au squelette et le chat maîtrise parfaitement ses muscles, plus de 500 au total. Les muscles les plus grands régissent les mouvements des pattes arrière. La forme de ceux du cou et des pattes avant est vitale.

La maîtrise de ces muscles-là est particulièrement impressionnante lorsqu'il est à l'affût, apparemment immobile, pendant un très long temps. L'adepte du yoga le mieux exercé aurait de la peine à être concurrentiel.

*

*Curiosité,
ou vigilance extrême
du chasseur ?
Ce n'est pas l'apanage
du chien que de monter
la garde.*

UNE RÉPUTATION PARFOIS SURFAITE

Notre ami n'est cependant pas un bon coureur. Son cousin le plus grand, le guépard, atteint, lui, des pointes de vitesse de plus de 100 km/h, tenant de longues distances, sortant ses griffes pour prendre appui sur le sol, obtenant ainsi l'harmonie entre les mouvements des pattes de derrière et de devant. C'est cela qui en fait le seul félin capable de rattraper une proie fuyante. Le chat, lui, préfère sauter sur sa proie que lui courir après.

Le squelette et les muscles ne sont pas tout. Encore faut-il un poste de coordination qui relie les sens, les perceptions et les fonctions corporelles entre eux. Chez le chat, cette coordination a lieu dans le cervelet. A une vitesse telle que l'observateur non averti n'imagine pas le processus complexe qui régit ses mouvements tant ils paraissent instinctivement sûrs. L'équilibre du chat est également remarquable, à tel point

qu'on en tire souvent des conclusions abusives. On croit ainsi qu'un chat tombant ou jeté d'une fenêtre atterrit toujours indemne sur ses quatre pattes. Ce n'est nullement le cas lorsque le chat tombe de très haut et ne contrôle pas sa chute. Ce réflexe légendaire se décompose en fait en deux temps : pendant la chute, le cerveau reçoit des signaux permettant à la tête de retrouver sa position normale, le reste du corps s'y adaptant. Le chat tombe donc la tête, les pattes et la partie avant du corps dans la bonne position alors que les pattes arrière sont encore en l'air. La partie arrière du corps se remet en place en fin de parcours et la queue pallie une éventuelle perte d'équilibre. Finalement le chat atterrit sur ses quatre pattes, le dos incurvé afin d'amortir le choc.

Le saut du chat est beaucoup plus souple et élégant en hauteur qu'à l'inverse. A la descente, mal armé, il est prudent, presque peureux, cherchant à faire glisser son corps le plus bas possible ; autre alternative : trouver un palier intermédiaire. Il tombe assez lourdement et, vexé lorsqu'il ne se ramasse pas convenablement, il lisse ses moustaches, secoue ses pattes et s'éloigne la queue basse.

Grimper lui pose les mêmes problèmes, c'est-à-dire aucun à la montée et pas mal à la descente. Il commence par sauter et avance en s'aidant de ses griffes.

Un jeune chat abandonne souvent l'ascension après deux ou trois bonds. Même si les chats donnent l'impression de grimper par plaisir, ils n'en ont pas moins peur du vide. Il n'est pas rare qu'un chat téméraire se mette à miauler désespérément lorsqu'il s'aperçoit de la hauteur où il se trouve. Il ne sait vraiment pas comment redescendre. Mais il est important pour lui de savoir grimper afin d'échapper à d'éventuels ennemis. Cependant, un chat n'étant pas un lynx, redescendre ne va pas sans mal. Il tente généralement de glisser lentement, tête en avant et toutes griffes dehors. De nature il n'est pas armé pour cette entreprise.

La force de l'arrière-train et le poids des pattes arrière ne l'aident pas et ses griffes ne peuvent pénétrer assez profondément pour assurer son équilibre.

Il glisse donc anxieusement, dépourvu de son élégance habituelle jusqu'à ce qu'il trouve un appui ou une hauteur convenable pour sauter.

Un chat se réfugiant sur un arbre parce qu'il est poursuivi par un chien reste généralement terrorisé sur une branche, ne sachant pas du tout comment il va en redescendre. Si on ne l'aide pas, en appuyant une échelle à l'arbre, par exemple, il n'est pas rare qu'il reste dans cette fâcheuse posture, miaulant désespérément jusqu'à ce qu'il tombe d'épuisement.

Son instinct est toutefois suffisamment développé pour qu'il tombe sans dommages, mais il vaut mieux ne pas tabler sur cela et l'aider en cas de difficulté.

*

L'équilibre du chat est également remarquable, à tel point qu'on en tire souvent des conclusions abusives. On croit qu'un chat tombant ou jeté d'une fenêtre atterrit toujours indemne sur ses quatre pattes. Ce n'est nullement le cas lorsque le chat tombe de très haut et ne contrôle pas sa chute.

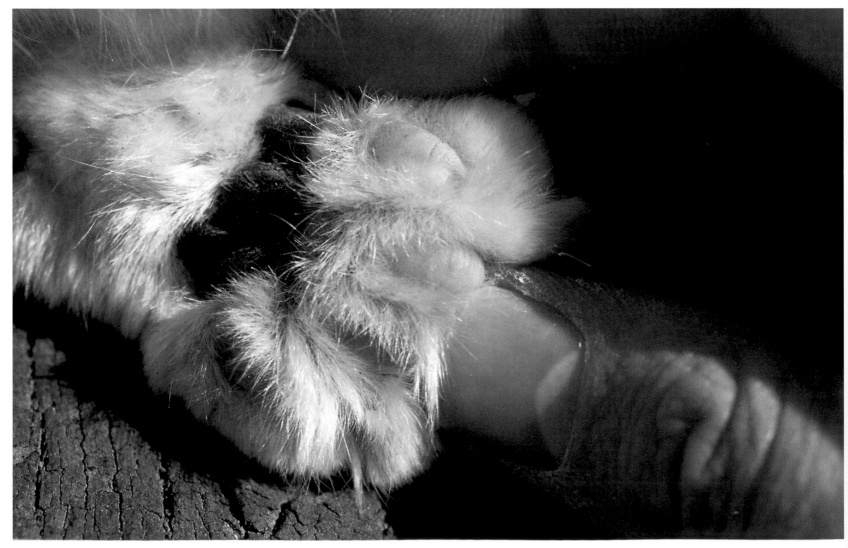

PARLONS DES SENS

Les sens sont, chez les chats, diversement développés. Le sens tactile est le moins important bien que les moustaches et les pattes soient très sensibles et jouent un rôle particulier dans leur perception de l'environnement.

Chatons et chats aiment les caresses, leur pelage vibre et ils ronronnent de satisfaction. Le pelage et les nerfs qui y affleurent sont très sensibles; ils transmettent les mouvements stimulants au cerveau. Les pattes sont les premiers organes de transmission. On connaît les mouvements prudents d'une seule patte, tendue lentement, se rétractant, se risquant à nouveau, avant de toucher un objet étranger.

Une partie relativement grande du cerveau a pour fonction d'interpréter les sensations reçues par les pattes avant. Les moustaches et les poils qui se trouvent au-dessus des pattes, aux « coudes », sont également importants et particulièrement sensibles.

C'est grâce à eux qu'un chat, même tout petit, peut traverser une table encombrée sans se retourner et sans renverser fût-ce le plus petit objet.

Un chat aveugle s'oriente uniquement par les perceptions de ses moustaches. On le voit tourner la tête dans tous les sens afin de capter, par ses moustaches, les facteurs importuns qui se trouvent sur son chemin.

C'est ainsi d'ailleurs que tous les chats parviennent à se diriger dans l'obscurité totale. Couper ou enlever les moustaches d'un chat a des suites irréversibles sur son sens de l'équilibre et sur son psychisme.

Le sens de l'odorat est extraordinairement développé chez le chat.

A peine debout sur ses pattes, il renifle déjà tout, à commencer par les aliments. Les zones sensibles du nez et des moustaches transmettent les signaux perçus au cerveau. Un chat ou un chaton peut renifler longuement un objet, prenant souvent un air méprisant

❋

Quand les griffes sont rentrées, les doux coussinets incitent à la caresse, ce que la plupart de nos petits compagnons n'apprécient guère. Les pattes sont très fragiles et, instinctivement, l'animal veut les protéger.

❋

Ses yeux sont une petite merveille de la nature. Comme un appareil photographique, ils peuvent opérer une mise au point suivant l'intensité de la lumière.

qui rappelle la manière humaine de froncer le nez.

Le cou tendu, la gueule à demi ouverte et la lippe supérieure retroussée, notre ami n'a pas, à ces moments-là, un air des plus intelligents.

Les chats sont plus ou moins attirés par certaines odeurs, celle des chattes chez les chats non châtrés, chez tous les chats, celle de la valériane et de l'herbe à chats *(Nepeta cataria)*. On trouve cette herbe dans le commerce et il n'y a aucune raison d'en priver notre compagnon. Il commence par la renifler, puis la grignote et enfin se roule dedans.

Ce comportement rappelle celui des chats en rut mais il ne s'agit que d'un effet psychédélique. Les jouets pour chats, les fausses souris, par exemple, contiennent de l'herbe à chats.

Le goût est, lui aussi, très prononcé chez le chat. A l'aide de la langue, il teste la capacité d'une substance à se diluer dans la salive, et sa digestibilité. Sa langue est longue, musclée et râpeuse. Elle est utilisée, pour boire, comme une cuillère mais le chat n'avale le liquide que tous les trois ou quatre coups de langue.

Outre à l'absorption des aliments, la langue sert au chat à se nettoyer.

Les mammifères distinguent généralement quatre sortes de saveurs : doux, salé, amer et aigre. Le chat est le seul mammifère à ne pas apprécier le doux. En revanche, un chaton juste âgé d'un jour fait parfaitement la différence entre de l'eau salée ou non.

Comparée à celle d'autres mammifères, la vue du chat est bonne. Chez lui, la cornée et le cristallin sont extraordinairement agrandis. Le cristallin se trouvant relativement loin en arrière, la distance focale est courte et le champ visuel large.

L'image perçue par la cornée est cinq fois plus nette que chez l'homme. Chacun a observé les yeux d'un chat aux changements de lumière. La pupille s'ouvre plus largement moins il y a de lumière, et se réduit à une presque imperceptible ouverture, dans la clarté. Cela lui vaut sa réputation magique ou démoniaque. Comme chez presque tous les animaux nocturnes, les yeux des chats sont phosphorescents la nuit et on les a pris pour symbole des phares ou des bornes kilométriques. Dans la pénombre cependant, le chat voit

✳

La dentition du chat ne rappelle-t-elle pas, en miniature, celle d'un lion ? Même si la morsure du chat ne fait pas mal – les griffes sont beaucoup plus dangereuses –, avec ses dents il peut cependant déchirer soigneusement tout ce qu'il veut manger !

moins bien que l'homme, de même que, sous n'importe quel éclairage, il distingue moins bien les détails. Les différences de couleur ne lui sont perceptibles qu'après un long apprentissage et encore pas toutes. Ils sont capables de distinguer le vert et le bleu mais pas le rouge. Les couleurs ne jouent d'ailleurs pas un rôle important dans leur vie quotidienne.

Alors que l'être humain perçoit de 20 hertz à 27 kilohertz, la capacité auditive du chat s'étend de 30 hertz à 45 kilohertz, celle du chien entre 20 hertz et 30 kilohertz. Cette supériorité est la marque du chasseur et l'ouïe est beaucoup plus importante pour le chat que la vue. Un bruit se compose de vibrations portées jusqu'à l'oreille par l'air. Les terminaisons nerveuses se chargent alors de leur transmission au cerveau, qui en décode la signification. Dès leur plus jeune âge, les chats sont particulièrement sensibles au bruit. Une assiette qui tombe, un journal feuilleté brusquement, la sonnette de l'entrée les effrayent; on a le sentiment qu'ils en souffrent physiquement. Dès que l'animal s'est habitué à un bruit – la sonnerie du téléphone et même le grondement de l'aspirateur – il n'y réagit plus.

Un chat ayant la possibilité de vivre dehors perçoit avec une précision extrême le bruit d'une souris ou de toute autre proie invisible. Une souris se trouvant à 25 mètres peut faire sortir un chat d'un profond sommeil. En outre, il est capable de distinguer deux sons émis à une très courte distance l'un de l'autre, ce qui est éminemment important dans la chasse nocturne.

Le mouvement des oreilles d'un chat est toujours révélateur de son état psychique. Lorsqu'il est en harmonie avec son environnement, elles sont immobiles et droites. Elles se déportent légèrement en arrière lorsqu'il est en colère et se collent latéralement lorsqu'il attaque. Elles paraissent enroulées sur elles-mêmes quand il dort mais leur perception n'en est en rien amoindrie.

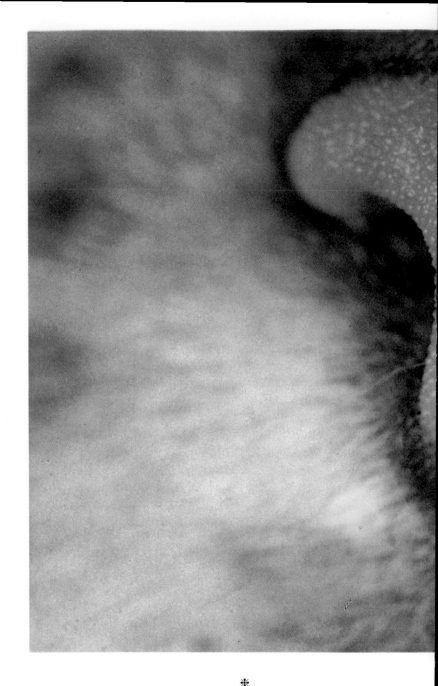

*

En haut : Bien que l'odorat du chat soit inférieur à celui du chien, il flaire volontiers. Ci-contre : un gros plan réussi du poil de la moustache d'un chat, attribut important, dont on dit que sa longueur permet à l'animal d'estimer s'il peut se glisser dans un trou.

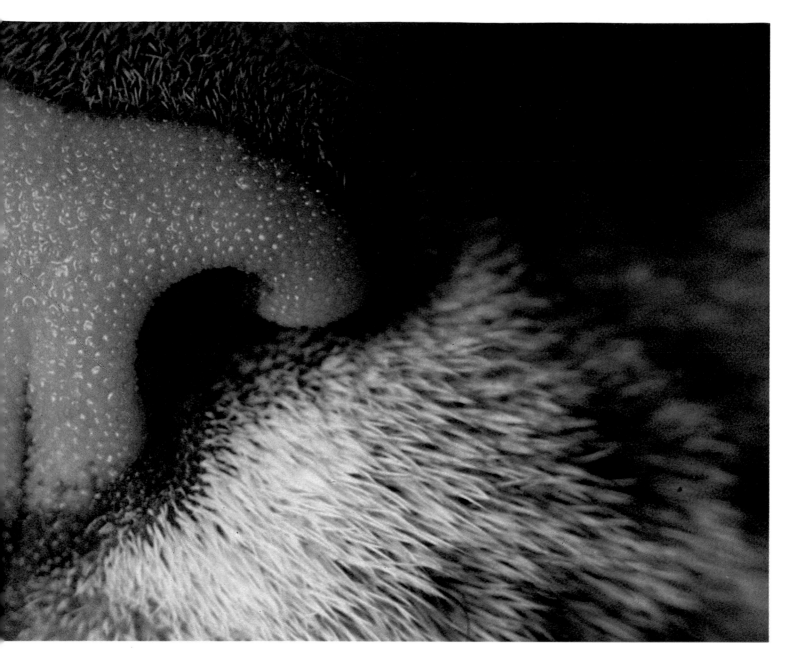

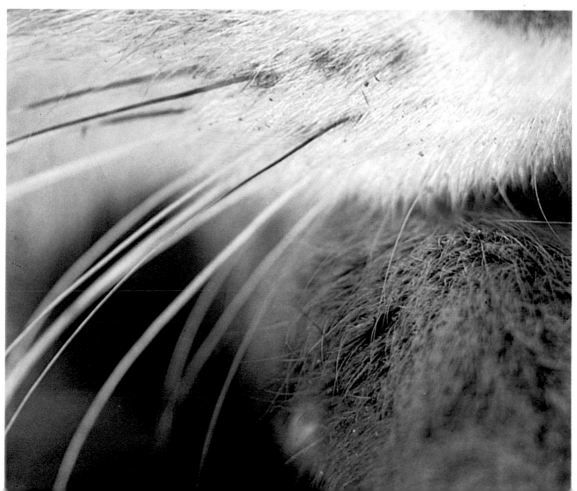

INTELLIGENCE OU SIXIÈME SENS ?

Dans quelle mesure un chat est-il intelligent ? Chaque propriétaire de chats a maints exemples à donner à ce sujet : le fait, par exemple, qu'il sache ouvrir la porte du réfrigérateur, pour ne parler que du plus simple. Il semble que l'intelligence du chat soit pragmatique : s'il veut quelque chose, il fera tout pour l'obtenir. Mais il n'ira jamais jusqu'au numéro de cirque car il est bien trop fier pour cela. Même un chaton n'a pas besoin de démonstrations intempestives pour faire comprendre ce qu'il désire.

Il n'existe aucune étude déterminant le quotient intellectuel des chats. On prétend couramment que les siamois sont plus intelligents que les autres mais rien ne le prouve scientifiquement. Il est toutefois évident que les chats comprennent des données abstraites. Ils savent, par exemple, reconnaître un triangle.

Lorsqu'ils ont trouvé la solution d'un problème, ils sont en mesure de s'en inspirer pour résoudre un autre problème de nature tout à fait différente. Leur intelligence se développe simplement. Un chaton élevé par sa mère ou par des compagnons humains connaissant bien les chats développera automatiquement ses sens, ses réflexes et donc son intelligence. Celle-ci est de toute autre nature que celle d'un chien, qui répond aux ordres. Le chat les entend parfaitement mais il ne voit pas la nécessité d'y obéir.

Il aime, autant que faire se peut, vaquer à une même heure à ses occupations. Nous ne saurions nous priver de raconter ici l'histoire du chat du professeur de psychologique, Gustave Eckstein, qui enseigne à l'université de Cincinnati. Son chat Willie mène une vie totalement vagabonde sur le campus, mais, tous les lundis soir, à 19 h 30 précises, il surgit à la porte de la cuisine et réclame à manger. Il avale ce qu'on

lui donne et détale aussitôt. Intrigué, le professeur décide un lundi soir de le suivre.

Willie traverse le terrain de l'Université, attend docilement au feu jusqu'à ce qu'il passe au vert et arrive, à 19 h 45, à la clinique gynécologique. Il saute sur le rebord d'une fenêtre au rez-de-chaussée et regarde, fasciné, ce qui se passe à l'intérieur. Deux heures durant. Après quoi, apparemment fort satisfait, il rentre à la maison.

Le professeur attend deux semaines avant de satisfaire sa propre curiosité. Un homme n'ose pas aussi innocemment qu'un chat observer de l'extérieur ce qui se passe dans une clinique gynécologique. Le rapport du professeur Eckstein est ainsi libellé : « Willie sait quand c'est lundi. Il sait aussi quand il est 19 h 45. C'est à ce moment précis que les patientes se réunissent au salon pour jouer au bingo, jeu qui fascine Willie deux heures durant. »

Les chats partagent avec les chiens un sixième sens qui peut servir à exprimer des pressentiments. Là aussi, de nombreux exemples montrent comment des chats, par leur comportement anormalement excité, ont prévenu leurs compagnons d'un danger tel que le feu, un tremblement de terre, etc.

UN TERRITOIRE A DÉFENDRE

Le chat fut toujours un animal indépendant et le demeure en tant qu'hôte de nos foyers. Cela ne veut pas dire qu'il ne ressente aucun attachement pour l'homme. Au contraire – il ne recherche pas les caresses et ne ronronne pas par calcul – il le fait parce que cela lui plaît. L'homme peut être son partenaire et ami, mais il ne peut être son maître. Il consent à ce que son partenaire ait son indépendance et attend la même chose de celui-ci. Le chien est un animal de meute, qui a besoin d'un chef; le chat n'est responsable que de lui-même – selon sa propre mesure des valeurs. En tant qu'animal solitaire, il lui faut son propre terrain, auquel il a libre accès. Chaque chat défend son territoire de manière différente. Les chattes et les chats châtrés se contentent généralement d'une petite surface, qu'ils défendent jalousement. Les « vrais mâles », eux, possèdent des territoires dix fois plus vastes mais ils ne les interdisent pas systématiquement aux autres chats. Il n'est pas rare que le territoire habité par un chat soit fort éloigné de son territoire de chasse. Ils sont reliés l'un à l'autre par des « chemins privés » compliqués, échappant totalement à la logique humaine mais respectant parfaitement les territoires des autres chats. On peut observer cela même dans un appartement où ils vivent à plusieurs. Chacun d'eux a son heure et ses voies propres à ses activités. Aucun conflit ne trouble jamais cet ordre, basé sur le respect des habitudes de chacun. Si l'un des chats se trouve par hasard à l'heure et à l'endroit prévu par un autre, des règles de priorité très strictes entrent en jeu. Chez eux, chaque chat a sa place. Chez les chats ne sortant pas, qui sont nourris régulièrement et n'entrent pas en contact avec d'autres animaux, cette place se limite généralement à l'endroit où il dort : le lit le plus confortable, le fauteuil le plus chaud, le coussin au pied du radiateur, etc.

*

Chaque chat défend son territoire de manière différente. Les chattes et les chats châtrés se contentent généralement d'une petite surface qu'ils défendent jalousement. Les « vrais mâles » eux, possèdent des territoires dix fois plus vastes, mais ils ne les interdisent pas systématiquement aux autres chats.

Le territoire des chats vivant en liberté est généralement délimité à l'urine. Ils peuvent aussi le marquer par des traces de griffes ou en s'y frottant de la tête ou de la queue. Leur odeur s'y imprègne et indique ainsi aux autres chats qu'ils sont chez eux. Toutes ses observations prouvent à quel point les chats disposent de nombreuses possibilités, qu'ils font montre de discipline autant que de tolérance et qu'il est quasiment impossible de les cataloguer ou d'établir un schéma général.

Les « chemins privés » font donc partie du territoire du chat. S'il y fait une rencontre, après avoir, au début, bien observé l'intrus, il essaie d'engager l'autre chat à libérer les lieux en continuant à avancer prudemment. Si cette tactique ne se révèle pas efficace, il s'efface. Il arrive aussi qu'après un long moment d'observation réciproque et d'attente, les deux chats se retirent.

Les batailles entre chiens et chats étrangers sont assez fréquentes.

Alfred Brehm en parle ainsi : « le courage du chat est extraordinaire, même lorsqu'il n'a pas l'avantage en raison de la taille et de la force du chien. Dès qu'il l'aperçoit, son dos se hérisse et se tend en bosse de chameau, ses yeux expriment la haine. Il feule de loin. Pour échapper au chien, il ira se réfugier sur un meuble ou cherchera la porte. S'il s'agit d'une chatte et que le chien s'approche de ses petits, elle lui saute d'un bond à la tête et lui griffe les yeux et le visage. Si c'est elle qui attaque le chien, elle le fait en levant les pattes, toutes

griffes dehors et elle ne recule en aucun cas. Cette position lui permet de se protéger le dos, les flancs étant moins vulnérables, car elle peut se défendre d'un coup de patte. Dans un tel moment, elle utilise ses pattes comme des mains. Elle peut tenir tête, sans reculer, à une bande de chiens. Elle pourrait, d'un seul bond, sauter par-dessus la meute, mais elle sait qu'elle serait perdue car les chiens la rattraperaient. Si le chien se retire sans l'avoir attaquée, elle reste généralement tranquillement assise et attend que le chien revienne à l'attaque ; elle tiendra bon aussi longtemps qu'il faudra. Les chattes qui n'ont pas de petits à défendre usent de leurs avantages et sautent sur une armoire ou sur un arbre, hors de portée du chien, qu'elles regardent de haut, les yeux à demi fermés. Elles savent qu'un chien ne peut ni grimper, ni sauter très haut. Les chats vivant en liberté se retournent immédiatement contre un chien voulant les attaquer et ce sont eux qui attaquent, le chien n'ayant plus qu'à fuir ».

*

Notre tigre domestique
peut se montrer
très impressionnant.

*

*L'amitié n'a pas
de code déterminé.
Cela tombe bien.
Un chat, pour peu qu'il
l'ait décidé, saura
s'accommoder d'un compagnon.*

*

*S'entendre
comment chien et chat...
la règle a ses exceptions.*

SOLITAIRE REPENTI

De nos jours, les bagarres entre matous se font rares, la plupart d'entre eux étant châtrés. Nourris par l'homme, ils n'ont, par ailleurs, plus besoin de défendre leur pitance. Vivant ensemble chez lui, ils se donnent des marques d'affection, se frottant nez contre nez ou tête contre tête, se léchant mutuellement pour se nettoyer, dormant souvent l'un contre l'autre. Ce spectacle est l'un des plus émouvants qui soit.

Les chats n'ont pas l'instinct grégaire comme les chiens ou leurs ancêtres, les loups. Ils restent indépendants, respectent les autres, peuvent même à l'occasion faire acte d'obédience envers l'un d'eux ou se lier d'amitié mais en sauvegardant, de part et d'autre, leur liberté. Seul l'instinct de la chasse les rassemble. Mais nos petits amis sont trop méfiants pour se fier à un chef ou à un meneur. Ils savent que, le cas échéant, devant un danger par exemple, la règle reste « chacun pour soi ». Seuls les chats sauvages vivent en bande autour de la mère et de plusieurs pères, mais la plupart des matous choisissent l'indépendance.

Il peut se produire que des chats se rassemblent, sans toutefois représenter une meute ou avoir une communauté d'intérêts, comme d'autres animaux. Occasionnellement, ils se rencontrent la nuit en des lieux de réunion déterminés, qui leur sont familiers à tous. Le professeur Paul Leyhausen, un spécialiste allemand de l'étude du comportement des animaux, qui est considéré dans le monde entier comme le plus important chercheur dans le domaine du chat, décrit cela de la manière suivante : « Le soir, dès qu'il fait sombre, il se produit souvent quelque chose que je ne peux, à vrai dire, décrire que comme une "réunion". Mâles et femelles viennent à un rendez-vous se trouvant à proximité ou en bordure de leurs terrains personnels et s'assoient tout simplement alentour. Cela n'a rien à

voir avec la saison des amours, qui ne doit pas nous occuper plus avant ici. Les animaux s'assoient tout près les uns des autres, à intervalles de deux à cinq mètres, se touchant même, parfois ; beaucoup se lèchent et se frottent l'un contre l'autre. Ils font très peu de bruit, rarement on entend un crachement ou un feulement étouffé, on voit une oreille se coucher en arrière quand un animal s'approche par trop près d'un autre, mais les physionomies sont calmes et sereines, on peut même dire vraiment amicales. A l'occasion, un mâle parade quelque peu devant les autres, cependant jamais au point que cela conduise à une rixe. J'ai pu particulièrement bien observer cela, et maintes fois chez les chats parisiens. La réunion se poursuit pendant des heures entières ; parfois, sans doute en tant

que prélude à la saison des amours, toute la nuit. Mais, en général, les chats se retirent à minuit ou peu après, dans leurs quartiers de nuit respectifs. »

Il existe encore une autre communauté sociale libre de chats, qui est appelée par Leyhausen « confrérie des chats mâles ». Comme toujours chez les chats, cela n'est pas une meute organisée, mais une association subissant des changements en elle-même et ne connaissant pas de chef absolu. Quand deux chats mâles se rencontrent pour la première fois sur un même terrain, ils s'affrontent selon des règles déterminées afin de démontrer qui est le plus fort. Le mâle se sentant le plus fort prend l'initiative du combat ; il fait le gros dos pour se donner un aspect plus menaçant et plus imposant, il couche ses oreilles sur le côté et réduit ses pupilles à d'étroites fentes. En grognant sourdement et avec une attitude qui se veut impressionnante, il s'approche lentement de son adversaire. Si celui-ci est décidé à accepter le combat – sinon, il ne peut pas demeurer longtemps sur ce terrain – il adopte le même comportement. Souvent, ils se tiennent ainsi l'un devant l'autre pendant de longues minutes, la pointe de la queue agitée de tressaillements brusques. Puis ils se jettent l'un sur l'autre, pour saisir l'adversaire à la nuque. Tout en crachant, ils se roulent sur le sol, se séparent et s'attaquent à nouveau. Si l'un d'eux sent qu'il n'est pas de taille à combattre il s'assied, immobile, pour faire une pause pendant la lutte. L'autre continue à le menacer, mais son ardeur décroît. S'il se détourne alors et flaire le terrain avec indifférence, l'épreuve est terminée. Le vainqueur quitte ensuite le lieu du combat le premier. Tous les mâles de la « confrérie » connaissent désormais leur rapport de force, de sorte que chacun sait se tenir à sa place.

L'admission d'un jeune mâle dans une communauté est presque rituelle. Quand il n'en est qu'à sa période de croissance, il n'a rien à craindre des autres ; dès qu'il est adulte, cette tolérance évolue. Plusieurs mâles se réunissent alors devant sa maison et cherchent à le faire sortir en l'attirant par des bruits de gorge sourds, étouffés. S'il est déjà assez courageux, il accepte le combat. Pendant presque une année entière, il est désormais régulièrement « rossé ». S'il ne peut supporter cette épreuve de force, il lui faut se chercher un autre territoire.

✳

Le chat, même jeune, n'est ni obéissant ni subordonné à son compagnon humain, il l'accepte, l'adopte comme camarade placé au même niveau, s'il s'en montre digne. Il arrive qu'un chaton se montre, vis-à-vis de son ami à deux pattes, aussi attaché et dépendant qu'un chien.

LE LANGAGE DU CHAT

Les chats se comprennent entre eux en émettant des odeurs et des sons, et par l'expression corporelle. Le signe de reconnaissance principal est l'odorat mais c'est l'attitude corporelle qui est la plus accessible à l'homme : la queue haute signifie qu'on vous souhaite joyeusement la bienvenue, les battements de la queue, en revanche, sont signe de mécontente-ment, mais la tête penchée est une invitation à jouer. Un chat attentif pointe les oreilles, tout son corps est allongé et tendu, la pointe de la queue tressaille légèrement ; un chat ayant besoin d'affection se frotte contre vos jambes et allonge le cou pour offrir sa petite tête à la caresse ; un chat apeuré cache sa queue sous son corps ; un chat qui veut effrayer un adversaire fait le gros dos, dresse sa queue et reste immobile, le regard fixe ; un chat intimidé commence soudain quelques brefs mouvements de toilette, pour pouvoir détourner les yeux ; un chat entreprenant s'élance, la queue allongée, à l'aventure.

Le langage oral, de même que le langage corporel du chat, est plus riche qu'on ne le suppose généralement. Ainsi, on a compté soixante-trois diverses sortes de miaulements et soixante-quinze différentes attitudes. Des chats qui miaulent veulent s'exprimer et, selon leur intonation, on peut deviner ce qu'ils veulent. Le plus souvent, ce qu'ils souhaitent manifester, c'est qu'ils ont faim. Mais ce peut être aussi interprété comme une invitation au jeu, à s'entretenir ou comme l'expression de l'ennui.

En outre, appartiennent au langage du chat le feulement, qui doit chasser l'adversaire, le cri, très nuancé, en particulier à l'époque du rut, un profond grognement, qui peut être provoqué par la surprise ou la peur, et naturellement, le ronronnement, qui se fait entendre dans les plus différentes occasions.

En général, c'est un signe de bien-être quand on le caresse et le cajole ; mais il peut aussi se faire entendre quand le chat mange et même lorsqu'il joue avec des souris, et également en beaucoup d'autres occasions. Souvent, il se fait entendre aussi quand l'animal est inquiet et astreint à une certaine soumission, par exemple chez le vétérinaire. On n'a pas encore réussi à comprendre le phénomène physique de cette manifestation.

On l'attribue à d'anormales vibrations des cordes vocales ou encore à des vibrations du thorax provoquées par une circulation sanguine accélérée. Ce manque de connaissance peut paraître étrange en un siècle où tout s'explique, où chacun a une version pour tout, mais cela ne fait qu'ajouter au mystère du chat. Qu'on se l'explique ou non, c'est l'un de ses charmes les plus émouvants.

*

Un chat qui veut effrayer un adversaire, fait le gros dos, dresse sa queue et reste immobile.

LE REPOS DU GUERRIER

Les différentes postures de sommeil et de repos du chat : roulé en boule, accroupi, à demi enroulé, étendu de tout son long sur le côté (au soleil ou devant un appareil de chauffage)... révèlent à l'observateur attentif l'état d'âme de son chat. Le temps quotidien de sommeil dépend de l'âge du chat, du temps, de sa faim et des stimulations sexuelles mais, sur la durée, il dort deux fois plus que la plupart des mammifères. Dès qu'il se sent en sécurité, il s'endort.

Endormi ou ensommeillé, le chat respire quatre fois plus vite que l'homme et son sommeil en diffère totalement en ceci qu'il intercale une période de sommeil entre ses activités diurnes. Le mécanisme de son sommeil est cependant apparenté à celui de l'homme, ainsi que le prouvent de nombreuses études. Le sommeil est un état actif, pendant lequel plusieurs parties du cerveau fonctionnent. Le chat s'endort par étapes, d'abord légèrement. Les muscles sont encore tendus, le cou aussi, l'animal semble rêvasser. Le moindre bruit – la porte du réfrigérateur qu'on ouvre, une écuelle déplacée, la fenêtre qu'on ferme – peut le tirer de ce sommeil léger qui dure de dix à trente minutes. S'il n'est pas dérangé dans cette phase, il entre dans celle du sommeil profond, le corps enroulé sur lui-même. Cette première période de sommeil profond est entrecoupée de phases de sommeil léger.

Lorsque l'animal a atteint le dernier stade de profond sommeil, le corps est totalement détendu, roulé en boule ou étendu sur le côté. Un chat profondé-

*

Bâiller et dormir... Ces photos expriment le calme et le bien-être. Les chats étendus paraissent plongés dans un profond sommeil, mais au moindre bruit alarmant les voilà complètement éveillés.

ment endormi donne l'impression qu'il rêve : ses pattes battent soudain l'air, son nez bouge et le cœur semble battre plus vite. On connaît beaucoup de détails concernant son sommeil mais on ne peut cependant rien en déduire concernant ses rêves. Le sommeil profond dure de six à huit minutes, suivies de vingt à trente minutes de sommeil léger, puis à nouveau six à huit minutes de sommeil profond, etc. Il n'est pas rare qu'il ronfle. Le chat adulte passe 15 % de sa vie dans un sommeil profond, 50 % entre l'endormissement et le sommeil. Il ne lui reste ainsi que 35 % de sa vie consacrés à ses activités. Lorsqu'il se réveille, il bâille, puis étire tous ses muscles de manière à réactiver la circulation. Que ce soit dans les

différentes positions de son sommeil, sa manière de se réveiller, il nous rappelle l'innocent sommeil de notre petite enfance.

Une particularité qui irrite très fort les personnes non habituées aux chats est la rapidité avec laquelle une posture peut être remplacée par une autre. Il vient encore de ronronner très paisiblement et passivement, et soudain, se met à jouer, à attaquer, les oreilles couchées. Ou bien, sommeillant paisiblement, il s'éveille en sursaut et, en ronronnant, se dirige vers la porte. Il peut rester étendu tranquillement des heures entières dans un coin et tout d'un coup développer en un court laps de temps tant d'énergies diverses que cela nous étonne toujours.

LA SAISON DES AMOURS

En général, les mâles et les femelles sont adultes à un an. La saison des amours se produit deux fois dans l'année : fin février ou début mars, et début juin. Elle dure de deux à trois semaines. Les chats deviennent extraordinairement agités et agressifs et informent à haute voix de leur désir d'épousailles. Le mâle en rut répand partout dans la maison une odeur caractéristique. La plupart du temps, l'accouplement de chats se trouvant en liberté se déroule de la façon suivante : la femelle en chaleur s'enfuit devant le mâle recherchant ses faveurs. S'il s'approche trop près d'elle, elle le repousse à coups de patte, en feulant. Cependant, elle ne fait que semblant de le fuir et demeure à sa portée. A quelque distance, elle se roule sur le sol en le regardant à la dérobée et le laisse s'approcher. Tous deux s'observent avec défiance et miaulent à mi-voix. Dès lors, des jours peuvent encore s'écouler de la sorte jusqu'à ce que, avec ces rituels d'approche, on arrive effectivement à l'accouplement. Si la femelle est consentante, car c'est elle qui décide, elle s'accroupit devant le mâle et tend vers lui son arrière-train soulevé. Le mâle saute sur elle, la maintient par la nuque avec ses dents et par quelques poussées violentes introduit son pénis dans la vulve. En même temps, il grogne et la femelle pousse un strident cri de plaisir. L'accouplement en lui-même ne dure que quelques secondes, mais paraît être ressenti avec une très forte intensité. En général, les couples de chats ne restent pas ensemble ; toutefois, il y a des exemples où une femelle et un mâle se sont gardés leur fidélité à longueur d'année. La femelle met bas ses petits 50 à 70 jours après l'accouplement.

UN HÔTE PANTOUFLARD MAIS UN COMPAGNON DE JEUX

Le compagnon humain du chat est élevé par lui au rang d'égal. Celui-ci se conduit avec l'homme et sa famille – qui remplace pour lui l'organisation sociale des chats vivant en liberté – comme avec ses congénères. Il se frotte contre ses jambes – signe d'amitié – lui donne d'affectueux coups de tête, se couche contre lui. Il l'accepte – ou plutôt l'élit – comme meneur, compagnon et ami. Il respecte ses décisions concernant la nourriture, accepte ses interventions. Mais jamais il ne sera dépendant de lui comme un chien.

Les chats savent ce qu'ils veulent tout en admettant le pouvoir supérieur de l'être humain. Et ils sont suffisamment subtils pour arriver à le partager. Dans la plupart des cas ils utilisent des moyens psychologiques : s'ils ne sont pas contents, les marques d'affection font place à l'indifférence, voire au mépris. Et quand on aime un chat, on fait tout pour être payé de retour, d'autant plus qu'il n'est alors jamais en reste.

Que peut-on vouloir de plus qu'être aimé et accepté par une créature indépendante et d'une autre espèce ?

Lorsque l'on envisage de se procurer un chat, on devrait se demander si l'on disposera du temps qu'il sera nécessaire de lui consacrer. Même un chat âgé exige encore une heure de jeu par jour. Son espérance de vie peut atteindre d'ailleurs 12 à 18 ans. On juge alors

que la première année correspond aux vingt premières de notre vie humaine, tandis que les suivantes comptent pour quatre ans chacune. Même si le chat accepte l'homme comme compagnon et ami, il a cependant une forte attirance pour la maison qu'il considère comme son foyer. Contrairement au chien, on peut difficilement emmener un chat en vacances; et comme il tient beaucoup à son « chez soi », il est totalement déconseillé de le placer, car il en résulterait certainement pour lui des dommages moraux.

Un chat a besoin de sa liberté et de son territoire! La meilleure solution pour l'animal, pendant les vacances, est de le laisser chez soi, où quelqu'un viendra s'occuper de lui, jouer avec lui et lui témoigner de l'affection.

Si dans la maison se trouve déjà un chien, un jeune chat pourra très bien s'entendre avec lui.

Il est beaucoup plus difficile d'imposer un chien comme compagnon à un chat adulte – ici, en raison des tempéraments totalement différents, peuvent se produire de graves conflits.

De même, la garde simultanée de plusieurs chats dans une habitation citadine comporte des difficultés.

A la campagne, où les animaux ont suffisamment de place pour s'ébattre, cela est cependant réalisable sans problèmes. On devrait toujours penser que le chat a une personnalité qui lui est propre, qu'il exige beaucoup d'affec-

*

Notre compagnon aime jouer et utilise essentiellement pour cela ses pattes, mais aussi sa gueule. Son jeu répond à sa profonde curiosité et également à l'instinct de chasseur sommeillant en lui. Il peut bien se divertir tout seul, mais il trouve encore plus de plaisir avec un partenaire. Aussi l'ami des chats devrait-il penser que même un vieux chat a encore besoin journellement d'une heure de jeu avec son maître.

tion, mais qu'il n'aime guère la partager avec d'autres.

Avec des enfants, il s'entend parfaitement, à sa manière : il aime s'amuser comme un fou avec eux, jouer à cache-cache, simuler l'attaque-surprise, griffes rentrées et se faire caresser. Des enfants élevés avec des chats apprennent, grâce à eux, à respecter un être qui ne veut pas toujours nécessairement faire ce que l'on désire soi-même, mais ils découvrent aussi le tendre et confiant abandon d'un animal qui n'est pas dressable et montre son attachement par à-coups, quand bon lui semble. Que ce soit avec des adultes ou des enfants, le chat veut jouer !

Il lui suffit de peu de chose pour trouver une occupation : une boulette de papier, une balle de ping-pong, un bouchon ou quelque autre menu objet que l'on puisse chasser à coups de patte et qui convienne pour être poursuivi et jeté en l'air. Il faut se garder de le laisser jouer avec des lacets ou ficelles, car il pourrait s'étrangler.

Disons un mot des relations entre bébés et chats : quand un bébé est attendu, on devrait patienter, pour se procurer un chat, jusqu'à ce que le nourrisson ait dépassé l'âge de la « marche à quatre pattes ».

Si le chat est déjà dans la famille, il faudra tenir éloignés l'un de l'autre le petit enfant et l'animal ; que ce soit en surveillant ce dernier ou bien en tenant toujours close la chambre d'enfant.

Il arrive que des chats soient jaloux des bébés ; certes ils ne les attaquent pas, mais des problèmes peuvent apparaître si, par exemple, le chat se couche dans le petit lit douillet : son poids et son pelage sont dangereux pour le nourrisson.

*

Un chat ne s'ennuie jamais,
son esprit toujours en éveil
le pousse soudain
aux facéties les plus drôles.

CHOISIR EN CONNAISSANCE DE CAUSE

Choisir un chat de race ou un simple chat de gouttière est affaire de goût.

Il paraît toutefois judicieux que l'on tienne compte des nombreux chats dont la naissance n'est pas désirée et que l'on se procure un chat ordinaire qui peut tout à fait se mesurer à un chat de race pour ce qui est de la beauté, de la classe et du caractère. Si l'on cherche un chat, on trouvera suffisamment d'offres dans les petites annonces des journaux.

Naturellement, il y en a aussi chez les marchands d'animaux.

Une bonne solution est de s'adresser à une société locale de protection féline, qui aura sûrement des propositions à vous faire; la même chose s'applique, du reste, aux vétérinaires qui, souvent, sont des sources dignes de confiance.

Le meilleur âge pour un chat, lorsque l'on veut s'en procurer un, se situe entre deux mois et deux mois et demi, et l'on devrait se fier à de sûrs critères : un chat bien portant ronronne et paraît disposé à jouer ; ses yeux sont clairs, son poil brille, son anus et les parties environnantes sont propres.

La décision à prendre quant au choix d'une femelle ou d'un mâle est moins importante aujourd'hui, la plupart des chats des villes étant castrés ou stérilisés.

Dans tous les cas, cette opération est à recommander à tout possesseur de chat, sinon, au bout du compte, l'animal souffrira de l'espace réduit qui lui est imparti et de ne pouvoir céder à son instinct naturel. Il ne faut pas non plus perdre de vue que, par manque de prévoyance, la misère des chats

abandonnés ou non désirés est encore plus grande. Si on appréhende de tuer des chatons nouveau-nés ou un peu plus grands, mignons et d'une drôlerie inimitable, sachons, de plus, qu'une fois adultes, il n'y aura plus de place pour eux et qu'ils vivront une existence pitoyable jusqu'à leur mort, souvent violente.

Pour en revenir à la question du choix d'une femelle ou d'un mâle : du point de vue du caractère, tous deux sont af-fectueux, d'un commerce enrichissant, et c'est une préférence qui doit fixer le choix de chaque futur propriétaire.

Une raison financière parle en faveur du mâle : la castration est moins oné-reuse que la stérilisation. On ne pourra jamais assez le répéter : le choix d'un chat est une affaire de caractère et d'af-fection dès le premier regard – un jeune chat bien portant, non gâté, se compor-tera avec son maître comme celui-ci le fera avec lui. Quand on est prêt à don-

*

La grâce des chatons émeut, et nombreux sont ceux qui les confondent avec des jouets en peluche. Ils en font l'acquisition dans un engouement momentané et s'en défont lorsqu'ils grandissent.

ner, tout chat saura prouver sa reconnaissance par son affection.

L'éducation d'un chat est simple, si l'on trouve le ton juste. Il n'est pas un chien qui reçoit des ordres et les exécute, il veut être convaincu avant d'agir. Si l'on veut obtenir quelque chose de lui, on y parviendra par le geste, la persuasion, en entraînant l'animal dans l'action et en y participant, jamais par des cris, des hurlements et des réprimandes. Cela ne veut absolument pas dire que l'on ne doive pas se montrer ferme et inflexible – il respecte l'autorité quand elle est dispensée de façon convaincante et avec compréhension.

Apprendre à un chat à être propre est facile si le plat se trouve en un endroit discret, obscur, et s'il est tenu rigoureusement propre. Le jeune chaton, qui ne connaît pas encore son petit coin secret, va ainsi y rester longtemps installé et observer discrètement, jusqu'à ce qu'il ait compris. Il se servira d'un plat en métal ou en plastique (que l'on trouve dans les magasins spécialisés), qui doit être facile à nettoyer. On le garnit de sciure de bois ou d'une litière composée de gravillons spéciaux (que l'on trouve aussi dans le commerce spécialisé), qui a l'avantage de mieux retenir l'humidité et l'odeur, et qui ne reste pas non plus fixés aux pattes du chat. Même s'ils ne paraissent pas toujours bon marché, ces gravillons constituent la meilleure solution. On peut les laisser plusieurs jours dans le plat, en se contentant d'enlever seulement les excréments, et de rajouter de nouveaux gravillons par-dessus. Il devrait toujours y en avoir suffisamment pour que l'animal puisse gratter autant qu'il veut et enfouir ses excréments. Au plus tard tous les trois jours, on devra vider le plat et

*

Doit-on laisser un chat
dormir sur son lit?
Voilà une question de
point de vue personnel.

le nettoyer à fond avec un produit désinfectant. Il faut remarquer ici que l'homme doit observer la propreté la plus rigoureuse – un chat normal refusera de se servir d'un plat souillé ou qui ne serait pas bien entretenu.

Une éducation « douce » est recommandée également pour faire perdre au chat l'habitude de faire ses griffes sur les meubles rembourrés, les tapis et murs. Il a besoin de gratter ainsi pour aiguiser ses griffes et les « couper ». Dans les magasins spécialisés, on trouve des blocs ou des tapis à griffer qui répondent à ce besoin. Tendrement, mais avec énergie, quand il fera ses griffes sur un objet interdit, on l'éloignera et on le portera auprès de l'usten-

*

De vieux mâles vivant seuls sont devenus trop méfiants pour s'habituer à un autre animal. Le possesseur d'un chat devrait penser à cela quand, soudain, il décidera, par exemple, de prendre un chien.

sile destiné à cet usage. Un petit coup donné sur la patte ne fera pas non plus de mal.

Il ne faudrait pas permettre au chat de se promener sur la table et sur les meubles de cuisine. Ses pattes, qui ne sont pas toujours propres et ses poils, qui tombent, ne s'accordent pas avec l'hygiène humaine, en particulier dans le domaine de l'alimentation.

Doit-on laisser un chat dormir dans son lit ou sur son lit? Voilà encore une question de point de vue personnel. Il est très important que toutes les mesures prises pour l'éducation du chat le soient dès sa plus tendre enfance. Si on supporte le jeune et adorable chaton sur sa table ou dans son lit, l'adulte qu'il deviendra ne comprendra pas pourquoi, soudain, on change d'opinion; il sera méfiant et ne montrera plus d'affection envers ce maître versatile. Dès le début, il devrait savoir ce qu'il convient de faire ou non!

En général, l'animal cherche lui-même l'endroit, ou mieux, les endroits, où il dormira. L'après-midi, il aime peut-être s'étendre au soleil sur la fenêtre ou sous le rideau; le soir, il a son fauteuil préféré qu'il ne quitte qu'à contrecœur; en hiver, il sait trouver un endroit sec et chaud sous le radiateur. Seul le jeune chat a besoin d'une corbeille pour avoir, au cours de ses premiers mois, un endroit sûr, qui lui soit propre. La corbeille garnie de foin, d'une vieille couverture ou d'un coussin usagé, ne doit pas avoir un rebord trop haut, et être placée en un endroit sombre, calme et chaud. Le chat adulte n'en aura plus besoin; il trouvera partout un endroit de repos approprié dès qu'il se sentira chez lui!

L'ALIMENTATION

Il va de soi que le principe de la propreté s'applique aussi à l'écuelle du chat, celle-ci devant être lavée soigneusement chaque jour. Voyons maintenant ce qu'on lui donne à manger ou à boire. Pour boire, donnons-lui suffisamment d'eau ; on ne devrait offrir du lait qu'aux jeunes animaux de moins de trois mois. Certes, plus tard, il ne leur fera pas de mal, mais il n'est pas absolument nécessaire.

A l'origine, le chat était un carnassier et, par sa domestication, il est devenu un semi-carnassier – il a donc adapté les habitudes de l'homme à ses besoins en calories, vitamines, oligo-éléments.

Une ration journalière normale s'élève à 100-150 g de viande ou 70 à 100 g de viande avec 40 à 50 g de riz ou de flocons d'avoine et 20 à 40 g de légumes, ou bien 90 à 120 g de poisson cuit avec du riz (ou des flocons d'avoine) et des légumes.

Si l'on donne de la viande, on devrait la servir aux chats adultes coupée en petits morceaux et non hachée, afin qu'ils puissent utiliser leur denture. En aucun cas, le poisson ne doit être donné cru, car de la sorte il pourrait occasionner des maladies.

En général, il faut souligner que les chats ne sont pas faits pour absorber les restes de la nourriture de l'homme et que les chats des villes, en particulier ceux qui ont été castrés, devraient, dans le doute, être plutôt moins nourris que trop. Ce dernier point est très important, car pour de nombreux chats castrés, manger est une compensation et ils paraissent toujours avoir faim.

Si on leur cède, ils deviendront gras et auront une espérance de vie réduite.

Encore quelques exemples de nourriture inadaptée pour des chats : toutes les épices fortes, les sauces, le pain, les pommes de terre cuites, les légumes secs, le chou. Pour la viande, on doit de préférence donner du bœuf ou du cheval (pour autant que l'on puisse en trouver), car ces viandes offrent plus de substances nutritives que le veau, le porc, la poule ou le lapin. En général, on devrait les donner crues, car bouillies ou rôties elles perdent de précieuses vitamines. Parmi les abats, il faudrait surtout choisir les rognons, le foie et le cœur. Le poumon est bon pour une cure d'amaigrissement.

Donner trop d'abats peut conduire à des troubles de la digestion et, surtout s'il s'agit de foie, à une hypervitaminose A,

*

Même si les friandises ne sont pas directement accessibles, le chat, ingénieux, sait parvenir à ses fins. Il décide de l'heure et du lieu où il prendra ses repas et, en cette occasion, se montre aussi inventif que l'exige la situation.

qui se traduit par une soudure des vertèbres et la paralysie.

Le jaune d'œuf est un important élément nutritif que l'on devrait ajouter, cru, à la nourriture, une à deux fois par semaine. Il contient des protéines ainsi que de la vitamine A et a, en outre, une action favorable sur le brillant du pelage. Il faut donner à manger les légumes cuits. Pensez au poisson : merlan, lieu noir, colin ; les chats l'adorent.

Si on en a la possibilité, on devrait tenir à la disposition du chat un pot de fleurs avec de l'herbe ou de l'« herbe à chat » (se renseigner dans les magasins spécialisés). Il n'en a pas seulement besoin dans des buts nutritifs, mais cela sert aussi à l'élimination (par vomissements) des poils qu'il avale et donc au nettoyage de l'estomac.

Les repas devraient être donnés deux fois par jour – le matin et le soir. Les jeunes chats et les futures mères sont nourris plus souvent.

Il existe sur le marché d'excellents produits alimentaires tout prêts, qui en raison de leur composition équilibrée sont fortement recommandés. On trouve des aliments secs ou en sauce (en boîtes). La nourriture en sauce existe en de nombreuses variantes avec différentes compositions, par exemple : bœuf, lapin, cœur, thon, etc., et permet ainsi des menus variés. Une boîte de 400 g contient entre 360 et 480 kg calories. Selon la taille et le poids du chat, on peut donner une moitié ou trois quarts de boîte par jour.

Les aliments secs sont moins attirants, bien que leur composition soit également parfaite. Pour cette raison, de temps en temps, on devrait les employer, car ils obligent le chat à mieux utiliser sa denture. Bien entendu, lorsque l'on offre à l'animal des aliments secs, on doit particulièrement veiller à ce qu'il y ait suffisamment d'eau dans l'écuelle réservée à cet usage, sinon il y aurait risque de lithiase urinaire : le chat ne pourrait plus uriner.

Même si, à première vue, la nourriture

industrielle nous apparaît comme une solution de remplacement, agréable et rapide, on doit souligner que les chats nourris avec elle ne sont en aucune manière en retard dans leur développement par rapport à ceux qui sont alimentés de façon naturelle. De plus, en tout cas, une nourriture équilibrée est garantie alors que, dans une alimentation individuelle, on peut se trouver confronté à des problèmes pratiques d'approvisionnement. Certes, là aussi, c'est finalement le chat qui décidera par lui-même – car il montre clairement à ceux qui s'occupent de lui ce qu'il aime et ce qu'il n'aime pas !

*

Il faut savoir qu'un chat ne mange pas nos restes. Deux tiers de viande, un tiers de riz ou de légumes lui conviennent parfaitement. Les échanges organiques du chat exigent une nourriture animale lui fournissant les substances qu'il ne produit pas lui-même.

*

*Le soin du pelage reste important.
Comme une souple cuirasse, le pelage
protège le chat dans ses mouvements
naturels de chasseur né. Il consacre
beaucoup de temps et de patience à lui
rendre sa belle apparence.*

DES SOINS INDISPENSABLES

Pour assurer une bonne santé à votre chat domestique, des soins réguliers sont recommandés, complétant ceux entrepris par lui-même. La propreté du chat est légendaire.

Tous les chats ne se nettoient pas avec la même intensité mais tous consacrent un temps important à leur toilette, les plus zélés y passant un tiers de leur vie active.

Ce faisant, ils stimulent les glandes sébacées et absorbent de petites quantités de vitamines A.

En outre, la salive du chat lui apporte la fraîcheur dont il manque, son pelage excluant la transpiration. Cette propreté est certainement une des raisons

*

Tous les chats avalent des poils en se nettoyant, ce qui n'est pas dangereux. Mais chez le chat à poil court, les choses se compliquent lorsqu'il prend son pelage d'été. En le peignant de temps en temps, vous éviterez d'avoir des poils partout dans l'appartement.

Une toilette longue, minutieuse et même, à l'occasion, interrompue, est une occupation qui, journellement, dure plusieurs heures. La langue râpeuse lisse les poils et avec la patte sont atteints des endroits où elle ne parviendrait pas. L'animal vomit les poils avalés au cours de ces opérations; pour cette raison, il faudrait veiller à ce qu'il puisse manger de temps en temps de l'herbe ou de l'herbe à chat.

qui font du chat un animal domestique apprécié. Pourtant l'aide de l'homme n'est pas superflue, surtout pour les chats à long poil. Outre sa langue, le chat utilise ses griffes, ses dents et ses pattes avant pour se nettoyer.

En se léchant, le chat élimine les corps étrangers et la vermine de son pelage. Si vous remarquez qu'un jeune chat ne se lèche pas, enduisez son poil d'un peu de beurre : il le lèche dans la plupart des cas.

La toilette complète peut durer un quart d'heure. Souple comme il l'est, un chat peut atteindre de la langue et des dents toutes les parties de son corps. Il se nettoie la tête avec la patte de devant qu'il a préalablement humectée. Il n'est nécessaire de brosser les chats à poil court que lors du passage du poil d'été à celui d'hiver, plus abondant.

Par contre, il faut brosser et peigner les chats à long poil toute l'année. Les oreilles doivent être nettoyées avec un bâtonnet de ouate imbibé d'huile ou d'alcool pur mais il faut être très doux et ne pas toucher le tympan.

Baigner un chat n'est pas une mince affaire car la plupart détestent cela. Il vaut mieux ne s'y risquer qu'en cas d'accident, s'il est tombé dans de l'huile ou du mazout, par exemple, ou s'il est couvert de vermine.

On humecte d'abord la tête avec de l'eau chaude, puis le reste du corps, et l'on fait alors un shampooing (prescrit par le vétérinaire ou un shampooing doux pour bébés). Veillez à ne pas en faire pénétrer dans les yeux et les oreilles.

Laissez le chat dans un linge sec et chaud jusqu'à ce qu'il soit sec ou, s'il ne supporte pas cela, lui éviter à tout prix les courants d'air.

Même si le chat semble en parfaite santé, une visite annuelle chez le vétérinaire s'impose.

Pour le transport il faut utiliser un panier spécial – on en trouve dans le commerce – dans lequel le chat adulte pourra bouger à sa guise et qui comportera au moins sur deux côtés des sources d'aération. Il doit être soli-

dement fermé afin que le chat, qui n'aime pas voir ses libertés entravées, ne s'échappe pas pendant le parcours, car il mettra tout en œuvre pour sortir de sa cage.

La santé d'un chat ne dépend pas seulement de lui mais de l'attitude de ses compagnons humains. Même adulte, il demande autant d'attention et de soins qu'un petit enfant. Le premier point est de ne pas le suralimenter. Les chats d'appartement – surtout s'ils sont châtrés – ont tendance à faire de la compensation en mangeant trop. C'est à l'homme de le rationner car trop manger rend non seulement les chats obèses et moins beaux, mais de surcroît, diminue leur espérance de vie. Si un chat est réellement malade, on le reconnaît très facilement à son comportement : il ne joue plus, reste tranquille dans un coin sombre et protégé, et ne vient plus amicalement à votre rencontre. Il mange peu et paraît avoir froid.

Les piqûres d'insectes sont des accidents relativement fréquents, car les chats chassent les abeilles, les guêpes, ainsi que les mouches. On peut traiter la piqûre avec du vinaigre, du camphre ou de la crème à la cortisone. Toutefois, s'il a été piqué à l'œil, sur le museau ou dans la gorge, un vétérinaire doit être consulté.

Il arrive aussi que des chats avalent un corps étranger en jouant ou en mangeant. On peut le retirer précautionneusement avec une pincette s'il ne se trouve pas encore trop enfoncé dans la gorge et si cette opération paraît être sans problème. Si cette procédure semble devoir se prolonger, ou encore si le corps étranger n'est plus visible dans la gorge, il faut obligatoirement faire intervenir le vétérinaire.

Si dans les excréments du chat apparaissent des vers ou d'autres parasites intestinaux, seul le vétérinaire peut prescrire le remède qui convient et le traite-

ment nécessaire. La même chose s'applique en cas d'infection par des parasites de la peau et du pelage (gale, teigne).

En tout cas, un vaccin préventif doit être administré contre les maladies les plus dangereuses : parmi celles-ci, essentiellement, les épidémies qui entraînent la mort dans 90 % des cas. Voici le calendrier des mesures médicales préventives nécessaires à la naissance d'un chat :

Dans la 7e semaine : cure vermifuge.

Dans la 8e semaine : premier vaccin contre les coryzas du chat et le « typhus » du chat.

Dans la 12e semaine : rappel du vaccin contre les coryzas du chat et le « typhus » du chat.

Dans le 6e mois : premier vaccin antirabique.

Dans le 7e mois : rappel du vaccin antirabique.

Du 6e au 8e mois : castration pour le mâle, stérilisation pour la femelle.

*

Le chat souffrant est vraiment malade. Il ne simule jamais la maladie, de sorte que dès que se montrent les premiers symptômes – vomissements, refus de s'alimenter, apathie, par exemple –, il faudrait au plus vite aller chez le vétérinaire. Pour prévenir les maladies, on devrait sérieusement tenir compte de la nécessité des vaccins préconisés et les faire administrer sans faute.

LES RACES DE CHATS

Il existe beaucoup moins de chats de race reconnus que de chiens de race. Ces chats de race ou chats nobles doivent correspondre à une forme idéale déterminée – le standard – pour être reconnus comme tels. Les conditions techniques suivantes en font partie :

1) La race et le type doivent être admis en tant que standard par la FIFE. La FIFE, « Fédération Internationale Féline d'Europe », est l'organisation européenne qui coiffe toutes les organisations d'élevage des pays membres.

2) Le propriétaire doit appartenir à une organisation d'éleveurs.

3) Le propriétaire doit pouvoir prouver la pureté de la race pour trois générations.

On distingue trois grands groupes de races : les chats à poil long, les chats à poil court et les normes particulières.

Font partie des chats à poil long, les chats persans qui, comme leur nom l'indique, sont originaires d'Iran et qui, au début, furent connus en Europe, de façon tout à fait concrète, sous le nom de chats angora (Angora : Ankara). La différenciation du standard des chats persans se fait par la variété de leur pelage et la couleur de leurs yeux. Il y a ainsi des persans noirs, des persans blancs aux yeux bleus, blancs aux yeux orange, bleus, roux, crème, fumé, argenté marbré, roux marbré, brun marbré, chinchilla, écaille de tortue, écaille et blanc, bicolore, bleus et crème, roux et blancs, etc.

Le chat khmer, chat sacré de Birmanie, qui est connu aujourd'hui sous le nom de colourpoint, appartient aussi au type des persans. Il est très rare et passe pour être particulièrement attaché à l'homme.

Le chat turc, qui a la particularité connue d'aimer l'eau et de nager volontiers, est un autre chat à poil long. Le chat birman, qui est originaire de France et non pas, comme son nom le

*

Persan bleu.
La différenciation du standard
des chats persans
se fait par la variété de leur
pelage et la couleur
de leurs yeux.

*

Sur cette page :
un magnifique persan chinchilla.
Page de droite :
un siamois seal point
et un scottish fold

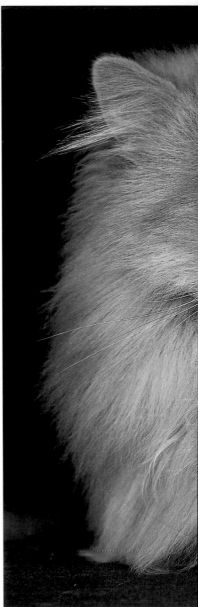

laisse supposer, d'Orient, est une autre race de chats à poil long.

Le chat Maine Coon est élevé aux USA ; celui-ci peut peser jusqu'à 15 kg. Son nom provient du Maine, l'État fédéral américain dans lequel est pratiqué son élevage, et de (ra) coon (anglais pour raton laveur) qu'il rappelle par son pelage.

Pour les chats à poil court, le standard est encore plus difficile à obtenir. La race la plus connue est le chat européen à poil court, qui est étroitement apparenté à notre chat domestique. En font partie les british, american exotic shorthair, le chat oriental à poil court et d'autres formes.

Une autre subdivision est faite parmi les chats européens : à poil court blanc, à poil court noir, à poil court crème, à poil court marbré argenté, marbré roux, brun, tigré, écaille de tortue, le chat bleu russe.

Sont particulièrement connus, les chats chartreux, appartenant à la race à poil court bleu, qui sont d'origine inconnue et sont considérés comme très dociles.

La race des chats à poil court la plus connue est bien celle des chats siamois seal-point, qui, avec des standards reconnus dans différentes variations de couleurs, sont volontiers choisis comme animaux domestiques.

En Thaïlande, l'ancien Siam, ils étaient élevés en tant que chats sacrés. Ils sont particulièrement vivants et se sentent bien dans une maison avec des enfants. Par rapport à d'autres chats, ils « parlent » relativement beaucoup.

Le chat abyssin lui ressemble un peu. Il vient d'Angleterre et est un peu semblable aux chats sauvages existant en Éthiopie. On peut comparer son pelage

*

A qui attribuer le premier
prix de beauté ?
Au chat européen unicolore,
au chartreux ou au persan roux ?

*

Un persan arlequin, un havana
à la couleur brun chaud, un
chat rex et enfin un européen tabby
qui pour être plus courant n'en est
pas moins beau.

tiqueté à celui du lièvre. Il existe une variété rousse.

Le chat burmese (à ne pas confondre avec le chat birman !) vient réellement des Indes et ne fut connu en Europe qu'après la fin de la Seconde Guerre mondiale. Cette race existe dans différents sous-groupes de couleurs standardisés (bleu, crème, bleu et crème entremêlés).

Appartiennent aussi aux races les plus connues, les chats rex qui ont un pelage court, dense, ressemblant à de la peluche et dont l'élevage est pratiqué en Angleterre depuis 1950.

Le chat Havana est brun chaud, y compris nez et moustache.

Le chat le plus connu possédant des formes particulières est le chat de l'île de Man, qui n'a pas de queue. Il se

*

Un persan golden tabby,
deux chats Mau égyptien,
un siamois tabby point,
et enfin un Abyssin roux...
Le choix se complique.

déplace plutôt par bonds, car ses pattes postérieures sont plus longues que ses pattes antérieures. Malgré ces particularités, nées sans aucun doute de l'accouplement d'animaux d'une parenté trop rapprochée, il correspond à un standard.

Moins connus sont les chats aux oreilles tombantes, tels qu'ils sont élevés, par exemple, en Écosse, et les chats nus, dont l'élevage se pratique au Canada.

Il va de soi que chacun est libre d'acquérir un chat de race, selon ses goûts. Mais il faut savoir que dans la plupart des cas – les grandes races exceptées – il s'agit de chats d'élevage dont les pro-

priétés génétiques et la nature ont été transformées. Il est véritablement insensé de modifier selon des critères esthétiques humains cet animal des plus parfaits et des plus élégants qu'est le chat.

Pensons donc aux innombrables chats de gouttière sans le moindre pedigree, qui attendent dans les refuges qu'un être humain aimant leur procure un foyer confortable. En adoptant l'un de ces chats, on lui offre la survie, et sa reconnaissance, même s'il ne se conduit pas en esclave. Ce qui est sans aucun doute, pour un ami des bêtes, la plus belle récompense.

*

*Le chat de l'île de Man
n'a pas de queue et se déplace
par bonds.*

LES CHATONS

Comment résister au charme d'un chaton ? Petite créature émouvante, au corps déjà parfait alors que la mine et la démarche sont encore candides, le chaton rappelle un animal en peluche mais vivant, toujours prêt à jouer et formidablement drôle. Il est sans défense mais déjà indépendant ; balourd mais gracieux ; fragile mais entêté ; volontaire mais innocent.

Dans la vie d'un chat non châtré, la sexualité joue un rôle important. La maturité sexuelle des chattes se développe du 3e au 9e mois, celle du chat du 7e au 12e. La période de rut est bisannuelle : elle va de la fin de l'hiver au début du printemps, puis de la fin du printemps au début de l'été pour la chatte. A ces époques, son comportement change totalement : elle est nerveuse, se roule frénétiquement par terre, miaulant ou criant. Elle manque souvent d'appétit et se frotte plus que de coutume à vos jambes. La période du rut du chat dure du printemps à l'automne. On le voit alors parcourir nerveusement son territoire en poussant des cris plaintifs, se battre avec les autres chats, attendant l'occasion d'amour. Lorsque, après une longue cour et moult poursuites amoureuses, le couple s'est uni, il se sépare immédiatement, le chat se détournant de la chatte. Chez les chats, la vie de famille n'a pas cours.

La période de gestation de la chatte dure de huit à neuf semaines. Rien ne se remarque au début, son comportement n'est pas modifié. Ce n'est qu'un mois

avant qu'elle ne mette bas que son ventre s'arrondit. Elle commence alors à chercher fiévreusement un endroit propice. Il lui faut un coin à l'écart, sombre de préférence, peu accessible à d'éventuels observateurs. Il n'est pas rare qu'elle change plusieurs fois ses plans. Les chattes très attachées à leurs compagnons humains ne se cachent pas, elles élisent même souvent leur lit pour mettre bas.

On peut préparer un endroit adéquat, protégé, chaud et sec, mais il n'est pas rare que ce coin idéal ne soit pas agréé. Les chattes ont leur tête et tiennent à leur idée. Le début du travail, qui peut être très douloureux, commence par des secousses spasmiques. La chatte appelle souvent l'homme ; lui parler, lui caresser le ventre, l'aident et lui font du bien. Le premier chaton expulsé, la mère le lèche soigneusement, activant la respiration, puis elle coupe le cordon ombilical avec ses dents. Elle mange le placenta et se nettoie soigneusement jusqu'à la naissance du second petit. Pendant l'accouchement, la mère ronronne sans arrêt.

Une portée comprend généralement trois chatons mais elle peut en compter jusqu'à huit. Un unique petit est rare. Une fois tous les chatons mis au monde, la mère les nettoie encore une fois et se couche de manière à former un rempart protecteur autour d'eux. Encore tremblants, ils cherchent à tâtons le ventre de la mère pour arriver aux tétines gonflées qui vont leur fournir leur subsistance.

Ils se mettent à téter instinctivement et l'on est à chaque fois étonné de l'assurance somnambulique avec laquelle

✳

Le premier chaton expulsé, la mère le lèche soigneusement, activant la respiration, et elle coupe le cordon ombilical avec ses dents. Elle mange le placenta et se nettoie soigneusement jusqu'à la naissance du second petit. Pendant l'accouchement, elle ronronne sans arrêt.

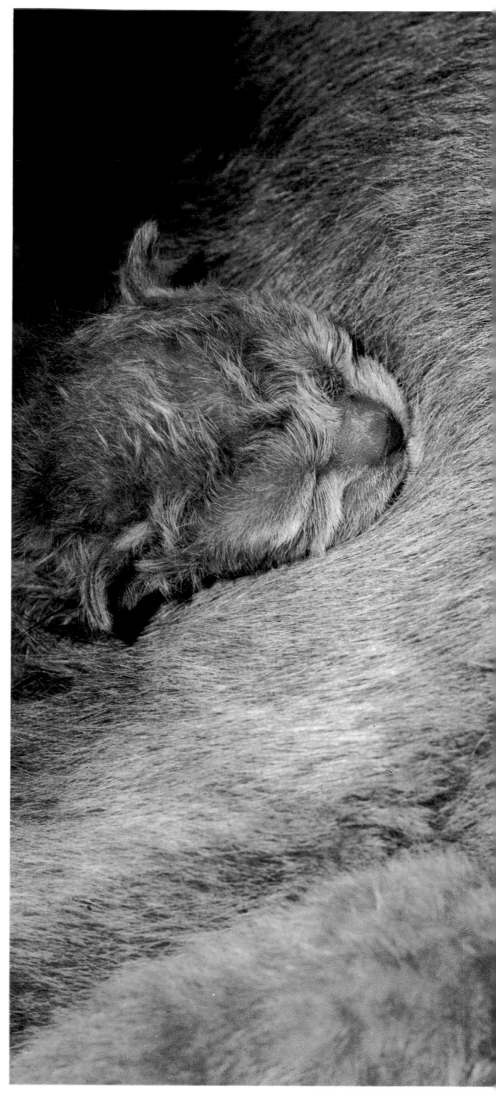

*

*Une portée comprend généralement
trois chatons, mais elle peut en compter
jusqu'à huit. Un unique petit est rare.
Une fois tous les chatons mis au
monde, la mère les nettoie encore une
fois et se couche de manière à former
un rempart protecteur autour d'eux.*

les chatons encore aveugles – leurs yeux ne s'ouvrent parfois qu'au 12e jour – atteignent leur but. La rétine n'est pas immédiatement réceptive. Le chaton ne distingue que peu à peu les différentes images, son jeune cerveau ne disposant pas encore d'échelle des valeurs. Il faut trois mois à un chaton pour atteindre à la perception visuelle normale. Les chats ont tous les yeux bleus à la naissance. Leur couleur définitive vient plus tard. Elle va de l'orange vif au vert sombre. Un chaton nouveau-né est ex-

trêmement petit et léger : il pèse entre 50 et 100 g.

La première nourriture du chaton est le lait maternel, riche en protéines, graisses, éléments minéraux et vitamines. La chatte allaite pendant quarante à soixante jours. A huit jours, le chaton a doublé de poids. Au cours de la période d'allaitement, la chatte mange quatre fois plus que d'habitude et il est conseillé de la gâter un peu. On lui donne à manger trois fois par jour au lieu de deux et beaucoup à boire. Au

*

Pendant les deux jours qui suivent la naissance, la mère se consacre entièrement à ses chatons. Elle ne se lève que pour manger et faire ses besoins, restant à portée de voix.

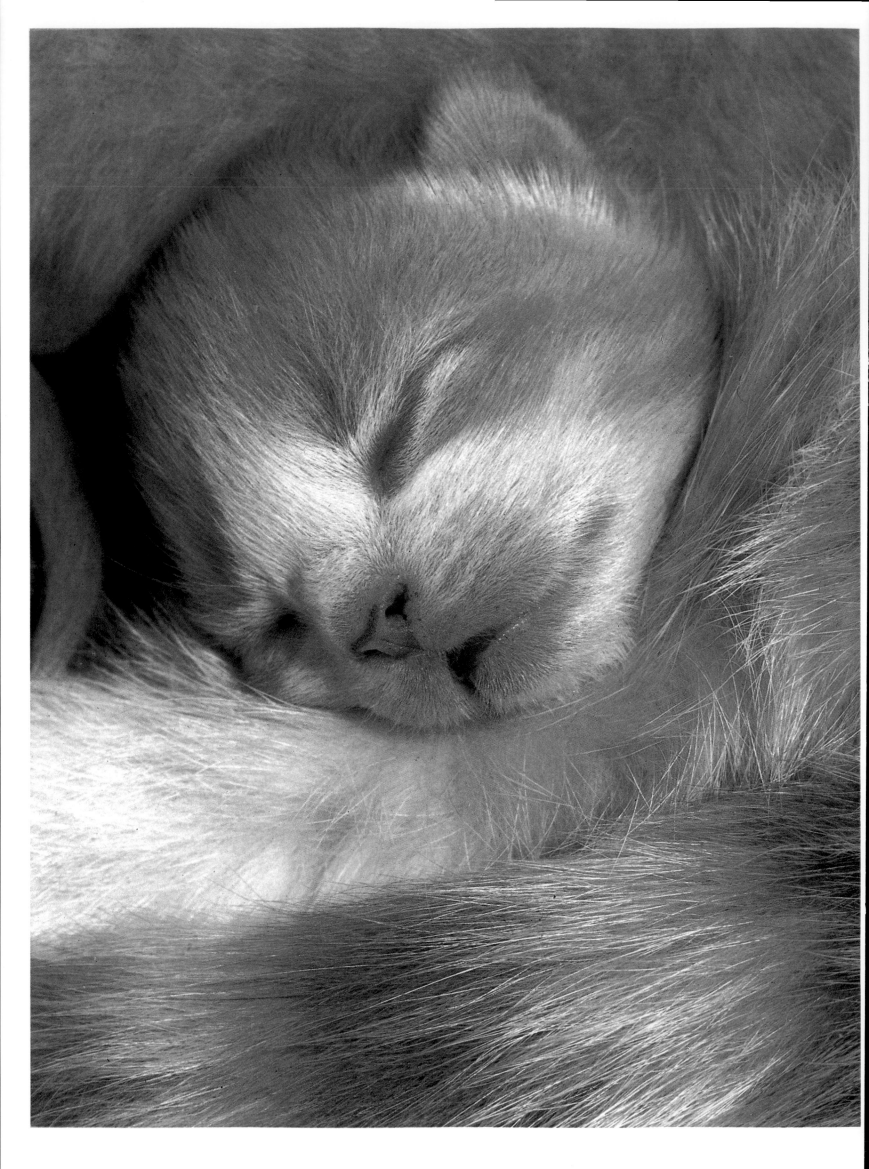

*

*Pour qu'un chaton puisse survivre, il
doit téter sa mère pendant les
premières vingt-quatre heures de son
existence. Ayant instinctivement trouvé
les tétines à sa naissance, il y revient
tout seul sans aucun problème.*

bout de quarante à cinquante jours le chaton peut absorber, en plus du lait, une nourriture solide. Il devient curieux et teste ses goûts. A cet âge, il a besoin de quatre repas par jour; le matin, à midi, l'après-midi et le soir. A trois mois, on supprime le repas de l'après-midi.

L'instinct maternel de la chatte est légendaire. Aucune femme ne peut se consacrer avec plus de tendresse et de dévouement au soin de ses enfants que ne le fait une chatte. Dans chacun de ses mouvements, dans chacune de ses intonations, dans toute sa conduite se révèlent sa ferveur, sa sollicitude, son amour et son attention profonde, non seulement à l'égard des besoins mais aussi des désirs des petits. Tout cela sans démonstration bruyante; elle est étendue silencieuse auprès d'eux, ronronnant tout au plus de temps en temps, en quelque sorte pour faire passer le temps qu'elle doit leur consacrer. Les chatons grandissent et la mère, en fonction de leur croissance, change de

*

Lorsqu'ils commencent à voir, les chatons prennent conscience de leur environnement et deviennent de plus en plus vifs. Dès qu'ils se risquent à quitter leur corbeille natale, on les voit cabrioler maladroitement dans tout l'appartement. Lorsqu'un chaton se perd, il retrouve généralement son chemin à l'odorat et s'il n'y parvient pas, avertit sa mère par des miaulements.

Les changements hormonaux intervenant chez la chatte pendant la période de l'allaitement la rendent plus douce et plus équilibrée. Pendant trois semaines au moins elle s'occupe attentivement du bien-être des chatons.

comportement à leur égard. Dès que les petits ont ouvert les yeux, commence leur éducation. Les pupilles se fixent encore avec hésitation au loin, mais bientôt se dirigent avec décision vers la mère nourricière. Elle commence alors à s'entretenir avec sa progéniture. Sa voix qui ordinairement n'est pas particulièrement agréable à l'oreille, acquiert une sonorité dont on ne l'aurait jamais crue capable. Son « miaou » se transforme en un « mie » où transparaît toute la tendresse, tout le dévouement,

tout l'amour d'une mère. Le grognement exprimant d'habitude satisfaction
et bien-être ou encore une prière, devient un son si doux, si parlant, que
l'on doit le comprendre comme l'expression d'un véritable amour pour sa
portée de chatons. Bientôt ceux-ci apprennent aussi à comprendre ce que signifie ce doux appel ; ils écoutent attentivement, ils y prêtent attention et
s'approchent lourdement, plus en boi-
tillant qu'en rampant, dès que la mère
le fait entendre.

Ce que Brehm (1829-1884) écrivait il
y a de nombreuses années sur l'amour
maternel de la chatte, n'a rien perdu
jusqu'à aujourd'hui de son bien-fondé :
« L'amour de la mère pour ses petits
est grand. Pendant qu'elle les allaite,
elle ne quitte ses enfants que pour
aller chercher de la nourriture pour
elle et pour eux.
Si un chien étranger ou un autre chat
s'approche d'une chatte qui allaite, elle
se jette avec une grande colère sur le
trouble-fête, elle ne laisse pas non plus

volontiers son maître toucher à ses gracieux chatons. En revanche, elle montre en même temps une pitié envers les autres animaux, qui est à son honneur. On connaît de nombreux exemples de chattes allaitant, qui nourrirent de leur lait et élevèrent des chiots, renardeaux, lapereaux, levrauts, écureuils, rats, même des souris. Moi-même, étant enfant, j'ai fait de telles expériences avec ma chatte. A une jeune chatte que j'avais élevée moi-même j'apportais, alors qu'elle venait de mettre bas pour la première fois, un petit écureuil encore aveugle, l'unique survivant de toute une portée, que nous voulions élever. Elle accueillit avec tendresse le petit étranger parmi ses propres chatons, le nourrit et le réchauffa du mieux qu'elle put et, dès le début, le traita avec un dévouement maternel. Le petit écureuil se développa parfaitement avec ses frères adoptifs et après que ceux-ci aient déjà été donnés, il demeura encore auprès de sa mère nourricière. Désormais, celle-ci sembla considérer cette petite créature avec un amour redoublé. Il se forma entre eux des rapports si intimes qu'on ne pouvait imaginer mieux. Mère et enfant adoptif

✳

*L'instinct maternel de la chatte est
légendaire. Elle porte seule la
responsabilité de l'apprentissage du
quotidien. L'homme assure une part
des obligations ; mais cela n'empêche
pas que la mère s'occupe de ses petits
avec une attention minutieuse.*

s'entendaient parfaitement : la chatte l'appelait à la manière des chats, le petit écureuil répondait par un grognement. Bientôt, il suivit sa nourrice dans toute la maison et plus tard aussi dans le jardin. Suivant une impulsion naturelle, le petit écureuil grimpait facilement et agilement dans un arbre, la chatte le regardait s'élever, apparemment étonnée de l'agilité si précoce du blanc-bec, et grimpait lourdement derrière lui. Les deux animaux jouaient ensemble et quand l'écureuil se comportait avec maladresse, la tendresse réciproque faisait en sorte que cela ne portât pas préjudice à la bonne entente ; la mère patiente ne se lassait pas de toujours recommencer le jeu. Plus tard, elle allaita de jeunes lapins, des rats et des chiots, et ses descendantes se montrèrent dignes de leur excellente mère en se comportant également comme les nourrices de petites créatures orphelines. »

Les chattes vivant à l'état sauvage sont les plus exemplaires dans ce domaine. Ici, c'est la nature qui commande. Les chatons ne peuvent survivre que s'ils ont une forte et bonne mère. Pour les chattes domestiques, habituées à être nourries et jouissant d'autres facilités matérielles, l'élevage des chatons est sensiblement plus léger à porter. L'homme assure une part des responsabilités ; mais cela n'empêche pas que la mère s'occupe de ses petits avec une attention minutieuse. Il arrive cependant qu'elle refuse de nourrir un ou plusieurs chatons. C'est à l'homme d'agir en ramenant autant de fois qu'il le faut le petit vers les tétines de la mère. Dans la plupart des cas, elle finit par se laisser faire.

Si ses compagnons humains la dérangent trop, la chatte déménage avec ses petits dans un coin plus tranquille. Elle prend délicatement chaque chaton par la nuque et le transporte dans sa gueule jusqu'au nouvel emplacement. Pendant ce parcours le petit est totalement inerte. C'est un spectacle étonnant, car le chaton, qui ne donne aucun signe de vie, a l'air d'un jouet.

Pendant les deux jours qui suivent la

*

Théoriquement, l'objet le plus important pour un petit chat est son panier ou sa corbeille, qui doit être chaudement confortable, placé à un endroit où le petit ne sera pas constamment dérangé. Dans la pratique, le chaton s'habituant peu à peu à l'appartement, élit de lui-même l'endroit privilégié où il ira dormir ou sommeiller...

*

*Même si un chaton paraît sans défense
et abandonné, il ne faut pas l'étouffer
par trop d'amour: s'il est bien nourri
et qu'il reçoit des marques de
tendresse, il se débrouillera très bien
tout seul. L'idéal est de donner un
compagnon au petit.*

naissance, la mère se consacre entièrement à ses chatons. Elle ne se lève que pour manger et faire ses besoins, restant à portée de voix. Son temps de sommeil est considérablement diminué. Pour que les chatons puissent survivre, ils doivent téter la mère pendant les premières vingt-quatre heures de leur existence. Ayant instinctivement trouvé les tétines à leur naissance, ils y reviennent tout seuls sans aucun problème.

Un chaton orphelin doit absolument être tenu au chaud : à 32° durant la première semaine, 26° les deux suivantes et 22° à partir de la quatrième semaine. Pour les tout petits orphelins, il faut consulter un vétérinaire. Si le chaton perd sa mère au cours des deux premiers mois, il faut l'allaiter artificiellement. Les chatons ne supportant généralement pas le lait de vache, on doit consulter un vétérinaire qui prescrira

✱

Ils sont sans défense mais déjà indépendants ; balourds mais gracieux ; fragiles mais entêtés ; volontaires mais innocents.

un lait en poudre convenant à son âge et à son état. Il faut, surtout pendant les premières semaines, chauffer le lait à 38°C et l'administrer au chaton à l'aide d'une seringue en plastique. Il prend généralement vite l'habitude de la téter et l'on trouve dans le commerce de quoi l'y aider. Il faut l'allaiter toutes les trois heures, y compris la nuit. Lorsqu'il a accepté le principe, on reconnaît qu'il est saturé au fait qu'il s'endort ou que de petites bulles de lait sortent de sa bouche. Après quelque temps on remplace la seringue par une soucoupe remplie de lait. Pour y habituer le cha-ton, on lui met gentiment le nez dessus et on passe doucement un doigt trempé dans le lait sur ses moustaches.

Les changements hormonaux interve-nant chez la chatte pendant la période de l'allaitement la rendent plus douce et plus équilibrée. Pendant trois semaines au moins elle s'occupe attentivement du bien-être des chatons. Elle les nettoie quotidiennement soigneusement, active de sa langue les fonctions digestives. Passé ce laps de temps, son souci de-vient moins constant. Huit semaines après l'accouchement les tétines de la mère reviennent à l'état habituel : les

*

Les chats ont tous les yeux bleus à la naissance. Leur couleur définitive vient plus tard. Elle va de l'orange vif au vert sombre. Comme chez presque tous les animaux nocturnes, les yeux des chats sont phosphorescents la nuit.

petits n'ont plus besoin du lait maternel. La chatte cependant consacre encore environ 70 % de son temps à leur éducation, une aide indispensable. Elle les laisse toutefois de plus en plus souvent seuls mais reste à proximité, prête à accourir au moindre miaulement.

Lorsqu'ils commencent à voir, les chatons prennent conscience de leur environnement et deviennent de plus en plus vifs. Dès qu'ils se risquent à quitter leur corbeille natale, on les voit cabrioler maladroitement dans tout l'appartement, s'attaquant de leurs jeunes griffes – qui ne sont pas encore rétractiles – aux tapis de préférence, aux rideaux souvent et à certains meubles. Lorsqu'un chaton se perd, il retrouve généralement son chemin à l'odorat et s'il n'y parvient pas, avertit sa mère par des miaulements. A cette époque, la mère ne laisse pas les petits seuls plus d'une heure et son ouïe, beaucoup plus développée que sa vue, reste toujours en éveil. Chez les tout jeunes chats, c'est l'odorat et le sens tactile qui sont les plus vifs. Leur besoin de protection – ce qu'on appelle la chaleur du nid – est très grand. Si ces trois facteurs – ou l'un d'eux – sont perturbés, ils se mettent à crier jusqu'à ce que l'on se porte à leur secours et rétablisse l'équilibre. Rien ne prouve que chaque chaton ait un ton particulier, bien que l'on ait tendance à le croire. Quoi qu'il en soit, la mère accourt à leurs cris, rassurante, et les choses rentrent dans l'ordre.

Elle commence leur éducation dès qu'ils voient. Le sens de la propreté leur a déjà été inculqué. En les nettoyant constamment, absorbant elle-même urine et matières fécales, elle les habitue à la propreté. Les chatons se chargent très tôt de l'entretien de leur pelage, se laver est même l'une de leurs premières activités. Ils commencent à partir de la sixième semaine et en font autant pour leurs frères et sœurs. Ces toilettes collectives entre la mère et les petits créent des liens affectifs et c'est plaisir que de les voir s'occuper les uns des autres en ronronnant béatement. Si,

*

Les chatons, bien que ne connaissant pas encore toute la gamme d'expressions des chats adultes, savent parfaitement attirer l'attention de l'homme sur eux. Leur manière de lancer des SOS – un miaulement plaintif et impératif - lorsqu'ils ne peuvent maîtriser une situation, est irrésistible.

après le sevrage, le chaton a tendance à se négliger, on peut le brosser ou le peigner. Il faut être particulièrement attentif après qu'il ait fait ses besoins. Si le chaton ne se nettoie pas, il faut l'aider en utilisant une feuille de papier hygiénique humide. Le petit fera bientôt sa toilette tout seul.

L'aide de la mère se structure ensuite par paliers. A trois semaines déjà, ils essaient de suivre la mère dans ses déplacements.

Les jeunes chats ont encore à apprendre la maîtrise de leurs mouvements et celle de l'équilibre. Les chatons ne peu-vent pas marcher avant de voir mais ils sont déjà capables de se mettre debout sur leurs pattes et ont le sens de l'orientation. Dès qu'ils ont les yeux ouverts, ils apprennent très vite à marcher et à coordonner leurs mouvements. Il faut cependant compter deux mois avant qu'ils en soient tout à fait maîtres. Dès ce moment, ils savent à la perfection sauter, courir et grimper. Leur spécialité est le saut en hauteur : ils peuvent atteindre cinq fois leur propre hauteur.

La chatte quitte de plus en plus fréquemment les abords du nid qu'elle ne réintègre pas ; elle se poste près des pe-

*

Dès que les chatons ont les yeux ouverts, ils apprennent très vite à marcher et à coordonner leurs mouvements. Il faut cependant compter deux mois avant qu'ils en soient tout à fait maîtres. Dès ce moment, ils savent à la perfection sauter, courir et grimper.

tits, surveillant simplement. La première préoccupation des chatons est la nourriture. Dès qu'ils ont faim, ils cherchent la mère pour téter. Une fois sevrés, ils se feront nourrir par leur « maîtresse » ou leur « maître ». Peu à peu, la mère ne consacre plus que vingt pour cent de son attention aux chatons. Ceux-ci devenant de plus en plus aventureux, elle ne peut les surveiller tous à la fois. C'est pourquoi elle choisit un poste d'observation élevé, une table ou une armoire basse, du haut duquel elle peut observer son petit peuple. Dès

qu'un chaton s'avère trop téméraire et s'éloigne de sa vue, elle le rappelle par des miaulements de mise en garde. S'il ne réagit pas, elle saute de son « mirador » et ramène l'imprudent dans son champ de vision.

Au bout de quatre semaines environ, la mère cherche un endroit plus approprié à la taille des chatons. Chez les chats nés en appartement et auxquels on a fait une place suffisante, l'assimilation à la vie quotidienne se fait sans problèmes. Chez les chats de ferme ou de campagne, la mère choisit un endroit

propice à la chasse, afin de pourvoir les petits en aliments solides, dès la deuxième semaine. Ce souci lui est épargné en ville, ses compagnons humains assurant la nourriture. Petit à petit, la mère sevre les petits. Et elle commence à leur démontrer le sérieux de l'existence ; toute sottise est punie par un léger coup de patte après lequel la mère s'éloigne, manifestant sa désapprobation.

C'est également la mère qui se charge d'apprendre aux chatons l'utilisation de la litière pour les besoins, en général

vers la sixième semaine. La chatte est une excellente éducatrice qui donne ses leçons sous forme de jeu ; les premières sont consacrées à la chasse, instinct profond que des siècles de domestication n'ont pas émoussé. L'instinct de survie autonome est plus fort que le confort assuré par les compagnons humains. Dans un appartement, la chatte amène à ses petits des morceaux de viande ou de poisson qu'elle sort de son écuelle. Les chattes vivant dehors rapportent des souris vivantes à leurs petits dès la sixième ou huitième semaine et les chatons ne se font jamais prier pour chasser l'animal dans les règles de l'art. Encore malhabiles, ils laissent souvent la proie s'échapper. A ce stade il est quelquefois possible à l'homme d'influer sur l'instinct de la chasse, suivant qu'il souhaite un chat chasseur ou non.

Si l'on ne souhaite pas que son chat chasse, les meilleures chances de l'éduquer dans ce sens – si sa mère n'est pas une chasseresse – se situent à six semaines du sevrage. On trouve dans les jeux des chatons de multiples preuves de l'instinct de chasse. Le chaton commence à jouer lorsqu'il est âgé de trois semaines environ.

Avec sa mère, ses frères et sœurs. Les jeux se compliquent de jour en jour. A quatre semaines, un chaton sait se battre, en position debout sur les pattes arrière, distribuant les coups avec ses pattes avant. A partir de la sixième semaine, il s'exerce au « saut sur la proie », représentée par ses frères et sœurs ou par ses compagnons plus âgés.

A partir de la sixième semaine, on retrouve constamment en jeu trois archétypes de la chasse : le saut sur la souris, l'approche mesurée de l'oiseau et la tentative de pêcher un poisson. Le morceau de papier froissé, un bouchon attaché à une ficelle ou, à défaut, la propre queue du chaton figurent la proie. Lorsqu'un chaton attrape sa queue, celle-ci préfigure la souris. Bientôt le coup de patte atteindra l'oiseau et le mettra hors de combat, la patte prudemment avancée attrapera le poisson. Bien que tous les jeux des chatons se ressemblent en apparence, ils comprennent de subtiles variantes et de nombreux perfectionnements. Entre la sixième et la huitième semaine, le chaton possède donc le répertoire complet de la chasse : assaut sur sa propre queue, jeté sur la proie, arrêt sur les pattes arrière, distribution de coups avec les pattes avant, position assurée en se couchant sur le dos, attaque de la nuque du partenaire, le poil hérissé. Tout ceci se passe entre les chatons ou

*

Les propriétaires de jardin se posent souvent la question de savoir s'il faut ou non laisser le petit chat y accéder. Si le jardin est suffisamment éloigné de la route ou de la rue, oui. Si l'on est près d'une artère de circulation, il est à craindre qu'un chat se fasse, tôt ou tard, écraser. Ses réflexes ne lui permettent pas d'éviter une voiture qu'il n'a pas entendu venir.

avec un chat adulte, à la vitesse du son, et finit généralement par un western en règle.

Le plaisir de jouer, propre au chat, se fait déjà remarquer dès l'âge le plus tendre, et la mère fait tout ce qu'elle peut pour l'entretenir. Elle devient un petit parmi les petits, par amour pour eux, tout comme une mère le fait avec ses enfants. Avec un sérieux apparent, elle s'assied parmi les chatons, mais en remuant la queue de façon significative. Les petits ne comprennent certes pas ce langage sans parole, mais sont excités par le mouvement continu. Leurs yeux s'animent, leurs oreilles pointent. Péniblement et avec maladresse, ils rampent vers la pointe de la queue ondulant. L'un s'approche par devant, l'autre par derrière, un troisième cherche à grimper sur son dos et fait une culbute, un quatrième a remarqué le mouvement des oreilles de la mère et essaie de le reproduire, un cinquième est encore à la mamelle, indifférent à ce qui l'entoure. La chatte, avec une tranquillité d'esprit à recommander à maintes mères de famille, laisse tout faire. On n'entend aucune manifestation de mécontentement, tout au plus perçoit-on un ronronnement de satisfaction. Aussi longtemps que l'un des petits boit, elle le laisse faire avec compréhension, mais dès qu'il est repu, elle cherche elle-même à intensifier les jeux enfantins auxquels jusque-là seuls incitaient les mouvements de la pointe de la queue. Limitant sa merveilleuse mobilité et son agilité en faveur des petits maladroits, c'est alors qu'elle ordonne et règle le jeu, jusqu'ici sans but. Bientôt, elle est étendue sur le dos et, avec les pattes de devant et de derrière, joue à renvoyer les petits autour d'elle, comme elle le ferait d'une balle ; puis, elle s'assied au milieu de la compagnie tout excitée, renverse l'un des petits d'un coup de patte, attire l'autre auprès d'elle et d'un geste infaillible apprend à la portée de chatons attentive malgré toute son agitation, l'usage approprié de la patte armée de griffes. Bientôt, elle se relève à nouveau, s'éloigne à petite distance, d'une course rapide, et se retourne pour regarder son petit monde, apparemment dans le dessein de lui enseigner souplesse et agilité. Après peu d'heures d'exercice, les chatons ont fait des progrès surprenants. On ne trouve presque plus trace de leur maintien emprunté, de leur démarche chancelante, de leurs mouvements gauches. Leurs gestes de la patte pour attraper, pour s'emparer d'un objet animé, montrent déjà une sensible habileté. Seule l'escalade leur demande encore quelque effort.

Six à huit semaines après la naissance, les petits perdent leur mère qui recouvre son indépendance. Il se passe alors à peine deux jours et elle ne répond plus à leurs appels. Elle semble les avoir totalement oubliés. Il n'est

pas rare qu'elle réagisse avec agressivité si on veut lui ramener ses petits. C'est toujours le cas lorsqu'ils ont été éloignés d'elle : la mère la plus tendre ne les reconnaît plus après plus de trois semaines d'absence. En revanche, les chattes vivant en liberté s'occupent d'eux jusqu'à ce qu'ils n'aient plus besoin d'elle.

Lorsque le chaton a été séparé de sa mère et que l'homme prend en main son éducation, il est extrêmement important de ne pas commettre d'erreur. Un chat ne perd jamais une habitude, innée ou acquise à son jeune âge. Un chaton est influençable ; adulte, il sera un partenaire qui ne comprendra pas pourquoi il devrait se plier à des règles qui lui paraîtront dénuées de sens.

Au cours des cinq premiers mois de leur existence, les chatons devraient être habitués avec douceur aux usages de l'homme. Par exemple, si l'on a l'in-

tention de les emmener en voiture le week-end ou pour les vacances, il faut commencer à les habituer de bonne heure. Les chats sont très sensibles aux bruits, envers lesquels ils sont d'abord méfiants. Il faut qu'ils fassent connaissance avec le chien, les amis, les bruits quotidiens, tels le téléphone, la télévision, la radio, la voiture, et, avant tout, avec les autres chats. Lorsqu'on surprotège un chaton, en l'enfermant dans une pièce par exemple à l'arrivée des visites, on encourt le risque de futures névroses.

Il faut être conscient que le chaton amené à vivre en appartement est, non seulement privé de sa mère, mais aussi de l'environnement naturel où il aurait fait seul ses expériences. Il arrive que des chatons séparés trop tôt de leur mère s'attachent excessivement à leur maître ou à leur maîtresse. Les chats élevés au biberon sont profondément perturbés lorsqu'on les laisse seuls. Le trop et le trop peu gâtent tous les jeux. Même si un chaton paraît sans défense et abandonné, il ne faut pas l'étouffer par trop d'amour : s'il est bien nourri et s'il reçoit des marques de tendresse, il se débrouillera très bien tout seul. Un chat ne s'ennuie jamais. On peut, sans problèmes, le laisser seul plusieurs heures par jour. Les chatons, comme tous les jeunes animaux, ont cependant besoin de plus d'attention qu'un chat adulte. Les écuelles doivent être pleines et il faut leur laisser de quoi s'amuser. L'idéal est de donner un compagnon au petit, un autre chat ou un chien, pas forcément jeune, ce qui, évidemment, n'est pas toujours possible.

✻

Si un chaton perd sa mère au cours des deux premiers mois, il faut l'allaiter artificiellement. Les chatons ne supportant généralement pas le lait de vache, il faut consulter un vétérinaire qui prescrira un lait en poudre convenant à son âge et à son état.

L'éducation à la propreté est un point important. Comme nous l'avons vu, la mère a déjà appris au petit chat à faire ses besoins. Lorsqu'on prend un chaton chez soi, il faut qu'il y trouve une caisse préparée à cet effet. Si, malgré cela, il arrive que l'on trouve ses traces en un autre endroit, on le prend et on le porte précautionneusement mais énergiquement jusqu'à son plat et là on lui parle et on lui fait reconnaître sa mauvaise action. Mettre le nez du chaton dans l'urine ou les excréments se trouvant hors du plat et le gronder est une

mauvaise et barbare habitude qui traumatise le chat, aimant de nature la propreté et ne se sentant pas dans son tort.

Un mot sur la manière convenable de porter un chaton. Il faut poser une main sous le poitrail, l'autre sous les pattes arrière, que l'on ramène sous le corps. Ne jamais laisser les pattes arrière libres, c'est avec elles que le chaton griffe le plus fort. On peut aussi porter un chaton par la peau du cou mais toujours en repliant les pattes arrière sous le corps. Cette dernière mé-

thode ne doit être utilisée avec des chats adultes que dans des cas extrêmes.

Théoriquement, l'objet le plus important pour un petit chat est son panier ou sa corbeille, qui doit être chaudement confortable, placé à un endroit où le petit animal ne sera pas constamment dérangé. Dans la pratique, le chaton s'habituant peu à peu à l'appartement, élit de lui-même l'endroit privilégié où il ira dormir ou sommeiller: le four de la cuisinière, la chaufferie, un carton posé sur un meuble, un berceau de poupée, un lit, des coussins, une corbeille à papier, par exemple. Il faut bien être conscient que le chat ne se défera pas de ses habitudes. Si vous autorisez le chaton, petite boule émouvante, à dormir dans votre lit, il n'acceptera pas qu'on l'en chasse lorsqu'il sera plus grand. Qui permet une fois

permet pour toujours. Le chat doit se faire les griffes. Là aussi il faut savoir qu'une habitude prise jeune ne se perd pas. A chacun de savoir s'il veut préserver son mobilier ou le sacrifier.

En règle générale, voici comment accueillir un chaton chez soi. De préférence le prendre le week-end ou lorsqu'on a quelques jours libres devant soi. Si on le transporte en voiture, il faut choisir un moment de la journée pas trop chaud. Il ne devrait pas manger avant le voyage et il doit rester dans le panier de transport jusqu'à ce que l'on soit arrivé. Une fois à la maison, s'assurer que les portes donnant sur l'extérieur sont bien fermées avant de sortir le chaton de son panier. Il faut lui offrir de l'eau et du lait, lui montrer sa corbeille et sa caisse. On devrait ensuite le laisser en paix, afin qu'il s'ha-

L'animal aime être en liberté, en plein air, et il ne connaît pas les demi-mesures. Au début, on accompagnera le petit chat dehors. Il reconnaîtra bientôt son territoire et trouvera son chemin tout seul.

bitue à son nouvel environnement. Au début, une seule pièce lui suffit, ce qui garantit la tranquillité de tout le monde. Il faut lui parler et jouer avec lui mais éviter le bruit. S'il y a des enfants, il faut absolument leur apprendre que les chats n'aiment pas le bruit et qu'ils sont vite effrayés. Les voix fortes et les mouvements brusques l'effraient ; lorsqu'il est plus grand, il y réagit souvent avec agressivité. Lorsque le nouveau venu s'est calmé, ce qu'on reconnaît au fait qu'il se nettoie, on lui donne à manger. Il est conseillé de se renseigner sur ce qu'il mangeait jusque-là, afin que le changement ne soit pas total. La nourriture est généralement bienvenue et le ronronnement reconnaissant du petit chat indique qu'il a accepté son nouveau foyer.

Pour lui donner un maximum de chances, il suffit d'observer quelques règles élémentaires, en matière d'alimentation et de confort (veillez à ce qu'il ne soit jamais en courant d'air). Le choix d'un vétérinaire est important car il suivra le chat tout au long de son existence. Comme dans tous les métiers, les praticiens sont plus ou moins experts ; les uns connaissent mieux les chiens, les autres sont, avant tout, de bons chirurgiens.

Prenez conseil auprès d'autres propriétaires de chats ou adressez-vous à la SPA.

Les propriétaires de jardin se demandent souvent s'il faut ou non laisser le petit chat y accéder. Si le jardin est suffisamment éloigné de la route ou de la rue, oui. Si l'on est près d'une artère de circulation, il est inévitable qu'il se fasse, tôt ou tard, écraser. Ses réflexes ne lui permettent pas d'éviter une voiture qu'il n'a pas entendu venir. Normalement, il évite d'instinct les véhicules en raison du bruit qu'ils font. Mais il peut malgré tout se trouver devant une voiture et perdre alors tous ses réflexes. En général, il est déjà trop tard pour freiner. L'animal aime être en liberté en plein air et il ne connaît pas les demi-mesures. Au début, on accompagnera le petit chat dehors. Il reconnaîtra bientôt son territoire et trouvera son chemin tout seul. En grandissant, il dépassera vite les limites de sa propriété et le moment sera venu de lui mettre un collier portant l'adresse de son propriétaire. Il est inutile et cruel d'y suspendre une clochette, qui l'agacera. Même s'il semble s'y habituer, il en résulte toujours une névrose.

Si l'on se décide pour la castration, il faut l'effectuer entre le cinquième et le septième mois. C'est une décision importante qui relève du sens de nos responsabilités. Si l'on n'a pas la possibilité de garder de nouveaux petits chats, il faut stériliser les chattes. Il suffit de s'imaginer la détresse des nouveau-nés : ou bien on les tue – souvent, inconsciemment, de façon cruelle – ou bien on cherche des gens prêts à les adopter. Mais comme il y a beaucoup de chatons à donner de par le monde, et on réussit rarement à placer tous les siens, d'autant moins qu'on n'a pas envie de les donner à n'importe qui. A ce stade, il est recommandé de s'adresser à la SPA.

Un chat châtré ne perd aucune de ses caractéristiques. Il a tendance à grossir, mangeant pour compenser. C'est à son propriétaire de rectifier le tir en ne lui donnant pas trop à manger. Une alternative n'existe que pour les chattes, auxquelles on peut administrer des pilules contraceptives mélangées à leur nourriture, au lieu de les stériliser.

De nombreux propriétaires de chats font construire pour leurs compagnons une porte dans la porte, une chatière, grâce à laquelle ils peuvent entrer et sortir à leur guise. Il s'agit d'une sorte de clapet de la taille du chat. Installé à la bonne hauteur, construit dans un matériau léger, il est très vite utilisé par l'animal. Son seul inconvénient est qu'il permet à d'autres chats de pénétrer dans la maison. On raconte que cette invention est attribuée à Sir Isaac Newton qui adorait ses chats mais pas au point de se laisser constamment déranger par eux.

Revenons à l'éducation du chat. Tout attachant qu'il soit, un chaton n'en est pas moins une créature totalement in-

dépendante et qui a son caractère. Pour l'éduquer, il ne faut pas aller à l'encontre de ses instincts. Tous les chats aiment manger, être au chaud et recevoir des marques de tendresse. Ils ont horreur du froid, de l'humidité et du bruit. Pour qu'un chat réponde à son nom, la meilleure méthode est de le lui dire quand on lui donne à manger. Une caresse à ce moment est particulièrement appréciée. Le chat comprend vite la relation : nom = nourriture. Mais si on l'appelle ensuite sans lui donner à manger, le chaton perd confiance et ne réagit plus. Les chats s'habituent plus facilement à un nom court qu'à une longue interpellation. Un nom de deux syllabes se terminant par une voyelle, i ou a, est très vite assimilé par eux. Tous les chats aiment être appelés par leur nom, même s'ils ne répondent pas toujours. Si on les interpelle pour manger ou pour jouer, ils ne se font pas prier. Mais si on leur dit « viens ! » ou « ici » sans répondre à leur attente, on les trompe et ils ne réagissent plus. Un chien accourt toujours quand on l'appelle, qu'on lui lance une balle ou un bout de bois, pas un chat.

Il va de soi qu'un chat peut avoir des habitudes qui ne plaisent pas à son compagnon humain. Son besoin de griffer, en tout premier lieu. Dès qu'il s'attaque à quelque chose que l'on veut préserver, il faut intervenir en portant le petit chat à l'objet permis et en mettant ses pattes dessus. Ce faisant, il n'est pas inutile d'être ferme – pas brutal – et de le gronder gentiment. On n'est vraiment un maître que si l'on parvient à se faire respecter. Mais il ne faut pas oublier qu'un chat, même petit, a une personnalité. Si son compagnon humain s'avise de donner à voix forte des ordres sévères, il le narguera en faisant précisément ce qu'on cherche à lui interdire. Il n'est pas rare alors que la vie en commun devienne impossible. Le chat sait très bien se venger, par exemple en s'attaquant à la plante verte préférée du « maître », en faisant ses besoins dans son lit ou, réaction typiquement névrotique, en

urinant dans quelques coins de l'appartement.

On peut dresser un chat à donner la patte comme un chien ou à s'asseoir sur les pattes arrière. Cela demande toutefois beaucoup de patience et il est douteux que ces performances correspondent à la nature du chat. Faire couper les griffes d'un chat est également un acte contre nature. En Europe on ne trouve pratiquement pas de vétérinaire se prêtant à cette opération qui arrange l'homme mais dérange profondément l'animal. Elle est plus courante aux États-Unis, mais cependant déconseillée par les vétérinaires américains lorsque le chat a la possibilité de vivre dehors.

On voit de plus en plus de chats emmenés en promenade en laisse. Si le chat y est habitué de bonne heure, s'il l'accepte, c'est une possibilité de lui donner air et exercice. Mais, en général, la laisse n'ira jamais de soi.

Lorsqu'on prend chez soi un chaton alors qu'on a déjà d'autres chats ou des chiens, les présentations vont rarement sans mal. Le mieux est d'enfermer les premiers animaux pendant le temps nécessaire au nouveau venu pour se faire aux odeurs environnantes, y compris celles de ses futurs camarades. Au bout d'un certain temps – une heure au moins – on peut amener le petit chat aux autres animaux qui vont alors percevoir son odeur. Il faut attendre un moment avant de laisser le chaton seul face aux autres.

Même si la plupart des chiens s'accommodent mieux de la présence d'un petit chat que celui-ci ne le fera d'un chiot, il est préférable, même lorsque chien et chat sont devenus amis, de leur donner à manger dans des écuelles individuelles, placées à une certaine distance l'une de l'autre. En général le chat supporte bien les autres animaux, surtout lorsqu'ils ont fait connaissance alors que le chat était petit. Les amitiés entre chiens et chats sont plus fréquentes qu'on ne le croit, ce qui ne s'explique que par l'éducation, car les caractères du chien et du chat sont diamétralement opposés. Le chien est pataud, sans nuances et obéissant. Il va droit au but, bruyamment, sans se préoccuper de l'entourage. Le chat, même petit, est plus subtil ; il attend avant d'agir.

Lorsqu'un chien fonce allégrement sur un chat, celui-ci a une réaction de défense car cette manière d'agir le déroute. Petit à petit le chat s'y fait et ne montre plus ni peur, ni surprise. Il laisse faire, tolérant et un tantinet arrogant envers cette créature débridée. De son côté, le chien qui a sans doute été accueilli la première fois par un feulement ou un coup de patte, quand ce n'est pas les deux à la fois, devient vite plus prudent et prend plus de précautions avec ce personnage capricieux et étrange. L'arrivée d'un chaton dans un foyer où se trouvent déjà d'autres chats ne pose généralement pas de problèmes. Bien qu'individualistes, les chats aiment la compagnie d'autres chats.

Les chatons, bien que ne connaissant pas encore toute la gamme d'expressions des chats adultes, savent parfaitement attirer l'attention de l'homme sur eux. Leur manière de lancer des SOS – un miaulement plaintif et impératif – lorsqu'ils ne peuvent maîtriser une situation, est irrésistible. Écoutez un chaton qui a réussi à sauter sur une armoire et n'arrive pas à en redescendre... Au bout de douze semaines d'existence, le petit possède parfaitement le répertoire chat, y compris le feulement impressionnant qui transforme la douce boule de poils en petit fauve agressif. Quand un chaton lèche la main humaine comme s'il s'agissait d'un autre chat, il ronronne à qui mieux mieux ; c'est le plus beau signe d'affection que l'homme puisse recevoir.

TABLE DES MATIÈRES

CRÉDITS PHOTOGRAPHIQUES

La plupart des illustrations de cet ouvrage sont dues aux photographes de :

l'Agence Jacana : 70, rue Jean-Bleuzen, 92170 Vanves.

Y. Arthus-Bertrand : p. 59 ; Axel : pp. 15, 47, 54, 70, 90-91 bas, 94 ; H. Berthoule : pp. 41, 119 ; L. Borgey-Loyer : pp. 50-51 ; D. Cauchoix : pp. 43, 48, 63, 64 haut ; E. Chanvril : pp. 80 haut, 84 ; M. Colas : pp. 128-129 ; S. Cordier : pp. 76, 81, 108 haut, 123 ; M. Danegger : p. 21 ; K. Diettrich : gardes début ; C. Errath : pp. 14, 27, 60-61, 75, 101, 108 bas ; G. Félix : pp. 5, 6-7, 9, 20, 28, 34, 35, 36 bas, 56, 57 bas, 64 bas, 69, 85, 86, 92 bas, 95, 109 ; Frédéric : pp. 4, 17, 30, 46, 49, 50, 52, 55, 57 haut, 83, 94 haut droite ; B. Josedupont : pp. 8, 78-79 ; R. Lanaud : p. 71 ; W. Layer : pp. 2, 13 bas, 89 bas, 90, 90-91 haut, 93, 97, gardes fin ; R. Lynn : p. 74 ; Mero : pp. 37, 44-45, 80 bas, 87, 88, 89 haut, 92 haut gauche, 92 haut droite, 96 ; A. Nedoncelle : p. 94 haut gauche ; B. Rebouleau : p. 33 ; Rodriguez : pp. 12-13, 18-19, 29 ; U. Schanz : pp. 36 haut, 62, 106-107 ; H. Schwind : pp. 22-23, 24 ; E. Soder : p. 16 ; J.P. Thomas : pp. 26, 32, 58, 82, 110, 121 ; G. Thouvenin : pp. 10, 31, 40, 42, 72-73 : D. Tresca : p. 3 ; M. Viard : 98 haut, 100 ; P. Wild : p. 25 ; W. Wisniewski : p. 11.

Achevé d'imprimer en août 1999
sur les presses de l'imprimerie Bona
à Turin
Imprimé en Italie
Dépôt légal : août 1999